W0292571

Grasser / Stahlmann

WESTWALL – MAGINOT-LINIE – ATLANTIKWALL

Bunker- und Festungsbau 1930–1945

GRASSER / STAHLMANN

WESTWALL MAGINOT-LINIE ATLANTIKWALL

Bunker- und Festungsbau 1930–1945

FRANZ NEUBAUER
Karmeliterstraße 46
5300 Bonn 3
Telefon (0228) 48 06 49

Bilder: Pionierarchiv München, Lauer IBA, Lippmann IBA,
Papenfuß Dachau, Archiv der beiden Autoren

Lizenzausgabe für
Manfred Pawlak Verlagsgesellschaft mbH,
Herrsching
ISBN: 3-88199-470-X

© 1983 Druffel-Verlag, Leoni/Starnberger See
Alle Rechte vorbehalten
Printed in Hungary

INHALTSVERZEICHNIS

Einleitung

In dem vorliegenden Buch wird über die drei wohl bekanntesten Befestigungsanlagen des Zweiten Weltkrieges berichtet. Sowohl die deutsche als auch die französische Propaganda versuchten die Bunkeranlagen ihres Landes zu uneinnehmbaren Bollwerken hochzuspielen. Die Geschichte bewies das Gegenteil; jede Anlage wurde eingenommen!
Bereits im Frühjahr 1940 fiel die Maginot-Linie (ML). Im großen und ganzen wurde diese Befestigungslinie über die Niederlande und Belgien von den deutschen Truppen umgangen. Doch Hitler wollte einen Prestigeerfolg. Er befahl, die Maginot-Linie direkt anzugreifen. Der Einbruch erfolgte an den schwächsten Stellen; bei Longuyon von Belgien aus, vom Saarland über Forbach, in den Ausläufern der Vogesen und bei Neubreisach über den Rhein. Die Franzosen wehrten sich verzweifelt, aber der Durchbruch gelang. Es wurden Kleinkampfanlagen und Zwischenkasematten ausgeschaltet. Die großen Werke waren jedoch nicht so schnell zu überwältigen. Als einzige Ausnahme wurde die kleine Werkgruppe »La Ferté« (deutsche Bezeichnung »Panzerwerk 505«) von Oberleutnant Germer und seinen Leuten erobert. Da die deutschen Truppen in der Zwischenzeit schon Paris eingenommen hatten, kam es um die Maginot-Linie zu keinen weiteren Kämpfen. Die französischen Festungstruppen, etwa 17 Divisionen, ergaben sich am 22. Juni 1940.
Die gewaltigste Befestigungsanlage sowohl im Bauaufwand als auch in den Kosten und der Bewaffnung war der Atlantik-Wall (AW). Er erstreckte sich über 2700 Kilometer vom Nordkap bis an die französisch-spanische Grenze. In den Jahren 1940 bis 1944 wurden am Atlantik-Wall mehrere 100 Mio. Kubikmeter Beton verbaut.
Die gigantischen Bauwerke wurden in die Propaganda voll einbezogen und sollten somit den Mythos von der uneinnehmbaren »Festung Europa« schaffen.
Das Kernstück des Atlantik-Walls sind die vier großen Marine-Küstenbatterien im Pas de Calais. Sie wurden zur artilleristischen Unterstützung für die geplante und später nicht ausgeführte »Operation Seelöwe«, d. h. für die Landung in England errichtet. Von hier aus wurde dann die Küste von Belgien, den Niederlanden, Dänemark und Norwegen nach Norden sowie die französische Küste nach Süden befestigt. Die Kanalinseln Jersey, Guernsey und Alderney sowie die Insel Helgoland wurden mit schwersten Batterien ausgestattet. In den Häfen von Brest, St. Nazaire und Lorient wurden U-Boot-Bunker gebaut. Von hier liefen während der Blockade Englands die Unterseeboote zu den Geleitzugschlachten in den Nordatlantik aus. Auf

dem Festland wurde die Feuerkraft der Stellungen des Atlantikwalls oftmals durch den Einsatz von Eisenbahnbatterien verstärkt. Während des Zweiten Weltkrieges wurden die Batterien des Atlantikwalls wiederholt aus der Luft angegriffen. Selbst schwere Bomben konnten nur in wenigen Fällen Geschütze zum Schweigen bringen.

Nach der Landung der Alliierten auf der Halbinsel Cotentin und dem Ausbruch aus dem Brückenkopf wurden die Stellungen umgangen und von der Rückseite angegriffen und eingenommen. Durch die Verbunkerung hatten viele Batterien nur Schußmöglichkeiten nach See hin. Für die eigene Verteidigung fiel somit oftmals die Hauptbewaffnung aus. Man war somit in vielen Fällen auf die zugeordneten Kleinkampfmittel angewiesen.

Betrachtet man die gigantischen Dimensionen der Bauwerke und des Atlantikwalls selbst, so sieht man, daß der Aufwand in keinem Verhältnis zum Erfolg stand.

Das vorliegende Buch will keinen Gesamtüberblick über den Verlauf und Aufbau des Atlantikwalls geben, sondern die Bauwerke und Anlagen aus dem Raum Pas de Calais bis zu den Landungsstränden der Alliierten und den Raum Cherbourg sowie die Umgebung von St. Nazaire im Bild zeigen.

Die letzte Befestigungsanlage, wohl die beste (1940!), die eingenommen wurde, war der Westwall (WW). Der Grund ist einfach zu erklären. Die Bunker des Westwalls waren meistens ihrer Waffen entblößt zugunsten des Atlantikwalls. Auch fehlten 1944 die Soldaten, die die noch vorhandenen Waffen bedienen sollten. Schließlich hat sich der Stand der Technik vom Baubeginn bis zur Bewährung gewandelt, das ist mit ein paar Worten gesagt. »Vom Doppeldecker bis zum Düsenjäger«! Die Alliierten besaßen zu diesem Zeitpunkt längst die Luftherrschaft. An wichtigen Stellen war der WW hart umkämpft, aber die Übermacht war zu groß! So wurde auch der Westwall überrannt.

Jede Befestigungsanlage ist ernst zu nehmen und hat ihre eigene Geschichte oder Tragik, die zu ihrem Fall führte.

Die Schlacht im Frühjahr 1940 um die Maginot-Linie, die Landung in der Normandie sowie die Kämpfe um das Reichsgebiet dürften bekannt sein.

Das vorliegende Buch möchte speziell die einzelnen Befestigungsanlagen (Werkgruppen, Batterien, Regelbauten) vorstellen. Anhand von Plänen und Bildern soll der Leser die Bunker kennenlernen, um die so hart gekämpft und gestorben wurde.

Aus Platzgründen können nur die wichtigsten Anlagen beschrieben oder im Bild gezeigt werden. Jede Befestigungsanlage hätte ihr eigenes Buch verdient. Die Anlagen in Belgien, Holland, Österreich, Italien, Jugoslawien, Griechenland (Metaxas-Linie), Polen, der ČSSR und der UdSSR sowie die

Anlagen der V 1, V 2 und die der V 3 können nicht erwähnt werden! Der Atlantikwall in Dänemark ist nur durch *eine* Anlage vertreten.
Nach sehr viel Klein- und Archivarbeit liegt nun ein weiteres deutsches Buch über Befestigungsanlagen des zweiten Weltkrieges vor.
Ohne die Mithilfe von Freunden, Bekannten sowie zahlreicher Angestellten in staatlichen und kommunalen Dienststellen wären wir nicht in der Lage gewesen, verschiedene Unterlagen, Bilder usw. für diese Veröffentlichung zu erhalten.
Als erstes möchten wir uns bei den Kollegen der »Interessengemeinschaft für Befestigungsanlagen beider Weltkriege«, der »IBA«, recht herzlich bedanken. Herr Lauer aus Zweibrücken ermöglichte uns, in diesem Buch Bilder von Stellen des Westwalls zu zeigen und zu beschreiben, die uns ohne seine Unterstützung verborgen geblieben wären. Auch erstellte er für uns mehrere Pläne. Besonders wollen wir unseren beiden Schweizer »IBA-Mitarbeitern«, Herrn Martin Egger aus Bolligen und Herrn Stefan Klinger aus Viganello, für Tips, Informationen und verschiedene Übersetzungen aus dem Sachgebiet des Atlantikwalls danken. Pierre Rhode aus Metz gab uns Kenntnisse über die Maginot-Linie mit auf den Weg, die uns bei den Arbeiten dieses Bildbandes von sehr großem Nutzen waren.
In diesem Zusammenhang dürfen wir nicht vergessen, Herrn Dieter Bettinger aus Ottweiler unseren Dank zu sagen. Er stellte uns sehr seltene Bilder vom Westwall zur Verfügung und ließ uns sehr wichtige Informationen zukommen.
Es ist leider unmöglich, alle aufzuführen, die uns mit Rat und Tat geholfen haben, dieses Buch zusammenzustellen. Auch ihnen sei von hier aus gedankt.
Ein ganz besonderer Dank gilt unseren beiden Frauen. Bei zahllosen »Bunkerfahrten« unter teilweise unmöglichen Bedingungen und bei den schlechtesten Wetterverhältnissen wurde uns durch das entgegengebrachte Verständnis sehr geholfen.
Bei dem vorliegenden Buch sind uns sicherlich einige Fehler unbewußt unterlaufen. Manches hätte sich bestimmt vermeiden lassen, wenn die fehlenden Unterlagen vorgelegen hätten.
Für Informationen oder Richtigstellungen sind wir immer dankbar; wir haben ein offenes Ohr dafür!

Nürnberg 1. 7. 1983 Kurt Grasser Jürgen Stahlmann

Westwall

Geographischer Verlauf

Generell kann gesagt werden, der Westwall zog sich von Basel bis Aachen. Unter Berührung der Städte Kehl, Karlsruhe, Landau/Pfalz, Pirmasens, Zweibrücken, Saarbrücken, Trier, Bitburg und Aachen, also die deutsche Westgrenze gegen Frankreich schützend von der Schweiz bis Holland.
Genauer gesehen, begann der WW bei Lörrach (Weil), zog sich in dünner Linie am Rhein entlang vorbei an den Städten Freiburg, Offenburg, durch Kehl gegenüber Straßburg etwas verstärkt, an Rastatt, Karlsruhe, Lorch, Landau, Bad Bergzabern, Pirmasens und Zweibrücken vorbei. Dann teilte sich der Westwall in zwei Linien.
Einmal nördlich Saarbrücken, Blieskastel, St. Ingbert, Sulzbach, Saarlouis (Saar), zum anderen südlich Saarbrücken, Flugplatz Saarbrücken, Saarbrükken südlich des Stadtgebietes, am rechten Saarufer durch Völklingen, Saarlouis, wo sie wieder zur nördlichen Linie stieß.
Dillingen, Merzig, entlang der luxemburgischen Grenze nach Trier, durch die Eifel, vorbei an den Stauseen »Olef«, »Urft-Rur« und »Kall«. Aachen wurde vom WW bis Heinsberg umschlossen und durchzogen.

Entschluß und Planung

Die Planung zum Bau einer Verteidigungsanlage solchen Ausmaßes ist teils auf das tatsächliche Schutzbedürfnis des zu dieser Zeit noch sehr jungen und innerlich noch nicht sehr gefestigten Dritten Reiches und andererseits auf die vielseitigen Anfeindungen eines großen Teiles des Auslandes, hauptsächlich unserer ehemaligen Kriegsgegner, zurückzuführen.
Mit dem Gedanken an einen neuen Waffengang zwischen Deutschland und Frankreich mag die deutsche Führung den Westwall (WW) als ideale Auffangstellung gesehen haben.
Das Schutzbedürfnis schwand allerdings mehr und mehr mit der Aufrüstung der deutschen Wehrmacht, welche mit einem Höchstmaß an Perfektion und Zielstrebigkeit alles in den Schatten zu stellen geneigt war. Heute weiß man, daß Hitler es tatsächlich schaffte, in kurzer Zeit das modernste und bestausgerüstete Heer und auch die Luftwaffe aufzubauen.
Natürlich auf Grund einer Menge meist bestqualifizierter Leute auf dem jeweiligen Platz.
Bei der Planung hatte man als Muster die Maginot-Linie (ML). Man bemerkte jedoch sofort, von Erfahrung geleitet, daß diese einen entschei-

Geographische Lage d. Westwalls

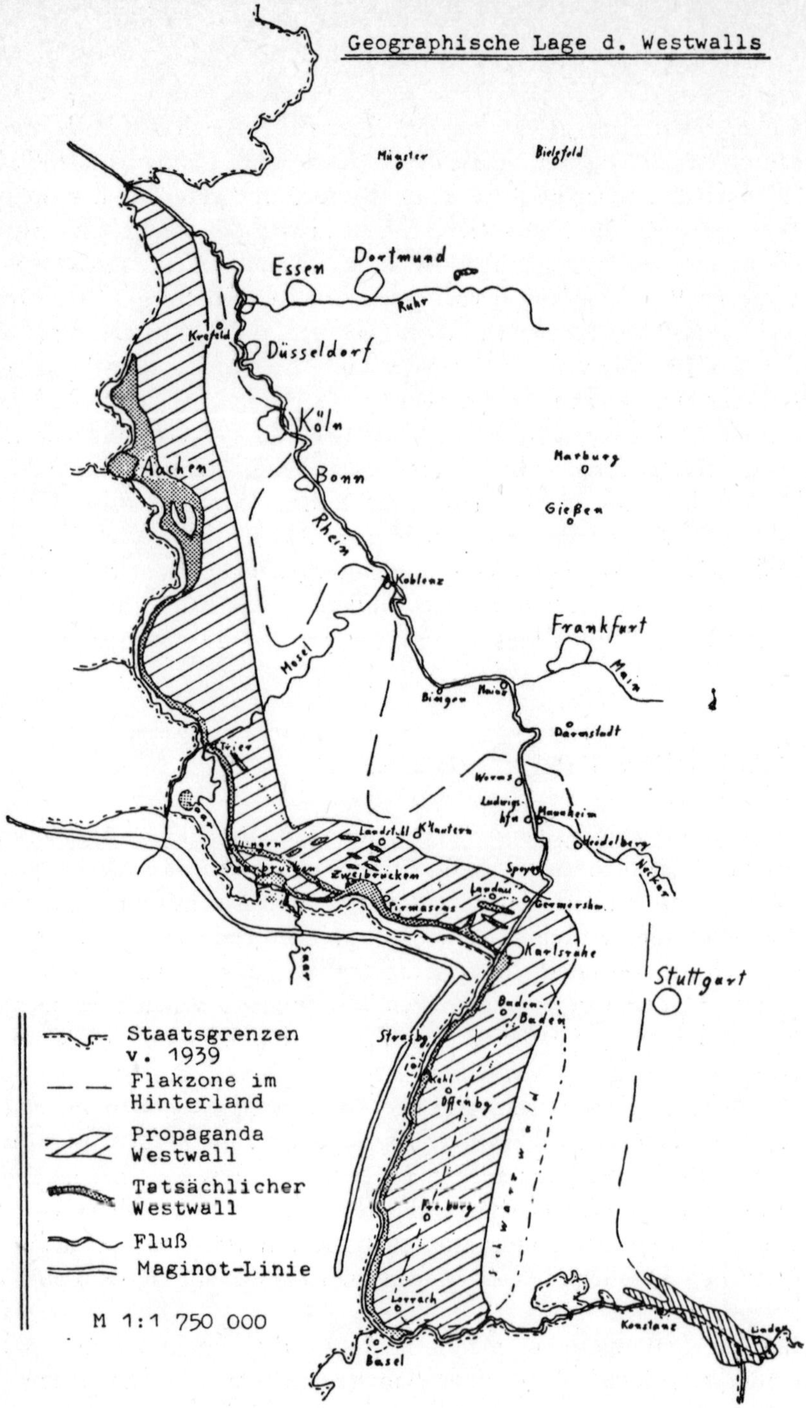

denden Fehler hatte. Denn hatte sich ein Gegner an die Bunker herangearbeitet, saß die Besatzung in einem goldenen Käfig. Der Feind konnte zwar in die unterirdischen Anlagen kaum eindringen, die Bunkerbesatzung ihrerseits aber war fast zu Untätigkeit verurteilt und konnte einen Durchbruch dann nicht mehr verhindern.
Wie sich im Frühjahr 1940 beim Frankreichfeldzug (Fall Gelb) dann auch bewies, hatten die Besatzungen der ML kaum noch eine Möglichkeit, in die Kampfhandlungen einzugreifen. Sechs Wochen nach dem Durchbruch fiel Paris. Die Franzosen konnten sich nicht vorstellen, daß der Krieg schon so gut wie beendet war, daß die Deutschen die ML durchbrechen konnten und noch dazu in solcher kurzer Zeit. Man hatte ein riesiges Festungssystem erbaut, siehe Abschnitt Maginot-Linie!
Hierin unterschied sich der WW wesentlich von der ML. Der WW bestand fast nur aus einzelnen für sich abgeschlossenen, jedoch im Verband zusammenarbeitenden Kampfständen. Sie hatten im Durchschnitt die Größe eines eingeschossigen Wohnhauses mit Flachdach und steckten je nach der Geländebeschaffenheit zur Hälfte bis zu drei Vierteln im Boden; am Hang manchmal nur der hintere Teil.
Einige Bunker standen sogar ganz frei im Gelände.
Man achtete schon bei der Planung sehr sorgfältig darauf, die Kampfstände und somit den ganzen WW möglichst gut dem Gelände anzupassen, strategisch den bestmöglichsten Standort der einzelnen Bunker und auch des gesamten Verlaufes sicherzustellen. Aus diesem Grund war die Linie nicht an allen Stellen gleich stark. Die zu sichernde Grenze war am Anfang etwas umstritten. Einige Maßgebende in der Planung, auch Hitler, wollten die gesamte deutsche Westgrenze von der Schweiz bis an die Nordsee befestigt wissen. Andere waren der Ansicht, daß die Absicherung nur der französischen Grenze völlig ausreichend sei.
Strategisch war der WW besser konzipiert als die ML. Dies mag zum Teil damit begründet sein, daß die Hauptbauzeit der ML in den Jahren 1927 bis 1929 lag, die des WW dagegen zwischen 1936 und 1939, also wesentlich später. Man kannte deutscherseits das Prinzip der ML und sah auch ihre wunden Stellen.
Der WW bestand aus vielen tausend einzelnen, durch Schützengräben (welche allerdings erst beim Endkampf 1944 angelegt wurden) miteinander verbundenen Betonbunkern, mit zum Teil sehr geringem Abstand (manchmal nur 10 m, im Durchschnitt 50 bis 100 m, jedoch gestaffelt) und mit einer Breite der reinen Hauptkampflinie (HKL) von 500 bis 700 m, südlich Landau/Haard in drei hintereinander liegenden Kampflinien bis zu 10 km Tiefe. Die Entfernung von der Grenze bis zu dem ersten Bunker betrug je

nach Grenzziehung 1 bis 20 km. Der Verlauf war im großen und ganzen geradlinig, vermied also vorspringende Nasen und einschneidende Buchten, um nicht von der Flanke her bedroht zu werden.
Die Kampfstände lagen fast immer in halber Höhe bis zum Kamm eines Hanges, stets feindwärts. So konnte man die Bunker hintereinander gestaffelt bauen, ohne daß einer den anderen beim Beschießen des Feindes behindert. Viele der Anlagen waren so angelegt, daß ein Gegner, der sich an eine herangearbeitet hatte und sie zu »knacken« versuchte, von den Nachbaranlagen mit MG oder Granatwerfer eingedeckt werden konnte.
Oft wurden natürliche Hindernisse wie Flußläufe (Rhein/Saar) miteinbezogen, verbreitert oder neue Stauseen geschaffen. Auch zog man künstliche Steilhänge.
Wurde der Verlauf durch einen Bergrücken unterbrochen, so wurde der Bergkopf durch eine gestaffelte Gruppe von Bunkern befestigt. Quertäler wurden links und rechts mit Bunker bestückt, um ein Eindringen des Feindes hinter die Linie zu verhindern.
Von der Grenze kommende Straßen wurden durch Straßensperren und durch Pakschartenstände gesichert. Ebenso wurden Eisenbahnlinien (Völklingen/Merzig) durch mehrere Bunker direkt am Bahndamm geschützt. Strategisch wichtige Punkte waren vorspringende Bergzungen, die meist mit Sechsschartenturmständen bestückt wurden.

Der Führer läßt sich am Westwall über den Stand des Ausbaus unterrichten

Um den Kampfständen das nötige Schußfeld zu verschaffen, wurden Häuser abgerissen. Eine Kommission ging durch die betroffenen Ortschaften und strich mit weißer Farbe ein K an die Hauswand. Die meisten dieser Häuser wurden damals gleich abgerissen. Andere sollten erst beseitigt werden, kurz bevor es nötig wäre, vermutlich aus Tarnungsgründen.

Aufgabe des Westwalls

Der Zweck des WW war ursprünglich, von dem Gedanken des I. WK. getragen, feste Stellungsbauten zu bekommen, um den Angreifer aus der Deckung heraus mit möglichst geringen eigenen Verlusten abzuwehren. Der WW war also wie alle Befestigungsanlagen eine reine Verteidigungsstellung.
Es wäre absurd, in ihm also schon zu jener Zeit Hitlers kriegstreiberische Absicht erkennen zu müssen. Frankreich baute seine ML schon in den Jahren 1927 bis 1929. Selbstverständlich konnte man mit dem WW (oder der ML) Krieg führen, aber dazu mußte zuerst angegriffen werden. Man kann nun mal mit Betonbunkern keinen Angriffskrieg führen. So konnte später beim Angriff auf Frankreich der WW nur eine Vorbereitungsrolle bzw. eine Defensivrolle spielen.
Der größte Wert des Westwalls lag zwangsläufig darin, daß die Soldaten während eines Artilleriebeschusses vollkommen geschützt waren, denn gegen Granaten bis zu 21 cm Einzeltreffer waren die meisten Bunker gefeit.
Von der deutschen Propaganda wurde der WW als Instrument der Abschreckung und Panikmache hochgespielt. Es wurden Karten und andere Veröffentlichungen herausgebracht, auf denen der Westwall wesentlich stärker war und im Hinterland sogar einen Flakriegel besaß. Dieser sollte eine Tiefe von 10 bis 30 km bekommen. In Wirklichkeit war der Bau jedoch nur zögernd begonnen worden. Das war 1937, ab 1938 aber nahm die deutsche Westgrenze die Gestalt einer riesigen Baustelle an.
Was den Bunkerbau betrifft, so war er eine organisatorische und bauliche Meisterleistung, welche mit ungeheuren Anstrengungen vorangetrieben wurde.
Der Flakriegel aber, so vorausschauend man ihn plante und für wichtig erachtete – wie man heute weiß, nicht zu unrecht – hatte kaum eine Chance gehabt, je verwirklicht zu werden. Denn ein Riegel von rund 600 km Länge und ca. 25 km Tiefe im Durchschnitt hätte schätzungsweise 40000 bis 50000 Flakgeschütze benötigt. Dies war aber zu dieser Zeit nicht möglich.

Weder die damalige Propaganda noch die heutige Herabwürdigung sind richtig. Richtig ist, daß der Westwall eine solide gebaute, strategisch bestens durchdachte starke Befestigungslinie war.

Bau-Organisation

Organisatorisch lag der Bau des Westwalls fast ausschließlich in den Händen der Organisation Todt, Baugruppe WW. Sämtliche strategische und bauliche Planung ging von hier aus an die örtlichen Konstruktionsingenieurzentralen, welche dann die örtlich bedingten Abänderungspläne ausarbeiteten. Diese bezogen sich normalerweise nur auf »Sonderbauwerke«, Steilhänge usw. Typ und genauer Standort jedes einzelnen Bunkers standen bei der Großplanung bereits fest, so daß nach dem Vermessen und Abstecken der genauen Position ans Entwerfen der Zusatzbebauung gegangen werden konnte.
Die Organisation bezog sich somit in erster Linie auf die Vergabe der einzelnen Bauabschnitte, der Baufirmen und die Bereitstellung der entsprechenden Anzahl von Arbeitskräften. Die Erfassung erstreckte sich so ziemlich auf das gesamte Reichsgebiet. Auch war der RAD (Reichsarbeitsdienst) sehr stark bei den Erdarbeiten eingesetzt.
Die Organisation Todt übertrug die Bauarbeiten großen Baugemeinschaften oder Firmen als Subunternehmen, welche ihrerseits die Arbeiten an kleinere Spezial- und Transportunternehmen weitervergaben.
Der Westwall wurde gleichzeitig an mehreren Stellen begonnen, verteilt auf die ganze Länge. Es wurden alle Arten von Firmen verpflichtet. Vom Staatsunternehmen bis herunter zu kleinen und kleinsten Handwerksbetrieben, wie Schlosser- und Malerfirmen und Privatpersonen, welche mit ihren LKW's Transportaufgaben erfüllten. Die Bezahlung der Firmen erfolgte durch den Staat direkt über Zahlmeistereien der OT.
Die Quartierunterbringung erfolgte sowohl in Holzbaracken des RAD-Einheitstyps, in der Nähe der Baustellen in Lagern als auch privat in den umliegenden Dörfern und Städten, von wo die Arbeitenden zur Schicht (12 Std.) mit dem Bus oder LKW gebracht wurden. Die Verpflegung wurde meist zentral in Kantinen, durch die Großbauunternehmer oder RAD-Küchenstellen ausgeteilt.

Arbeiten beim Bunkerbau

Jede Position eines einzelnen Bunkers wurde vermessen und mit einem weißen Wimpel markiert. Danach begannen, meist vom RAD ausgeführt, die Aushubarbeiten. Von Hand, versteht sich, denn Maschinen waren damals noch recht selten, abgesehen von Betonmischmaschinen, welche an allen Bauabschnitten vorhanden waren. Lediglich an Großbaustellen von Sonderbauwerken, wie an Steilhängen zwischen Zweibrücken und Pirmasens, gab es in größerem Umfang auch schwerste Maschinen wie Bagger und Raupen.
Die Firmen bekamen für den Kampfbunker jeweils den entsprechenden »Regelbauplan« mit der für den jeweiligen Standort angepaßten Änderung oder Zusatz.
Die Transportunternehmen holten sich Order und Materialien entweder vom nächstliegenden Bahnlagerplatz für den WW oder direkt vom Hersteller (z. B. Zement vom Zementwerk oder Kies vom Rhein für den Rheinabschnitt) und brachten sie zu den entsprechenden Baustellen oder den zentralen Betonmischstellen.
Zuerst wurde der Boden betoniert. Es wurde eine etwa 10 cm starke Schicht Beton eingefüllt, dann die Monierung (Eisengeflecht) verlegt und der Boden

Armierungsarbeiten

fertig eingefüllt bis auf den Glattstrich (etwa 2 cm dick), welcher ganz zum Schluß, wenn der Bunker völlig fertig war, gelegt wurde. Dabei wurde für die späteren Wände die Monierung des Bodens schon ein Stück hochgebogen, damit Boden und Wände Verbindung bekamen (bei den großen Marineküstenbatterien am Atlantikwall geschah dies nicht!). Aus diesem Grunde wurden auch auf dem noch feuchten, jedoch schon harten Boden sofort die Wände und Decken betoniert. Dies war bereits nach 12 Stunden möglich, da es sich fast ausschließlich um hochwertigen Schnellbinder-Beton handelte. Decken und Wände erhielten auch eine für die damalige Zeit dichte Armierung (20 cm Abstand). Nach dem Einschalen der Wände wurde die Decke eingeschalt und mit Stempel gestützt. Die Decke wurde nicht mit Schalbrettern belegt, sondern mit Eisenträgern in I-Form in 20 cm Abstand voneinander. Dazwischen wurden 3 mm starke Bleche gelegt und mit einer kittähnlichen Masse verklebt, dann mit Beton eingefüllt. Es wurden gleich alle Schrauben, Haken, Türrahmen, Ent- und Belüftungsrohre, Sprachrohre, Holzleisten zum späteren Befestigen von Regalen und Sonstigem miteinbetoniert. Darauf kam oft, jedoch nicht immer ein Estrich. Schlosser befestigten Türen, Panzerplatten usw. Elektriker legten in rückwärtigen

Bunkern Licht von Dieselstationen. Rüstungsarbeiter installierten die Lafetten und sonstige Waffenanlagen. Schreiner stellten Regale etc., Maler strichen Wände und Decken, außen mit dem Tarnanstrich. Innen wurden die Decken mit weißer Farbe, die Wände weiß gekalkt. Türen innen weiß, außen grüner Grund mit ockerfarbenen oder braunen Flecken. Danach innen die Beschriftung neben den Türen, Scharten, Ent- und Belüftungsrohre und schließlich außen die Bunkernummer. Anschließend wurde die Erde so angefüllt, daß möglichst wenig vom Bunker zu sehen war, und bepflanzt. Die Tarnung war ein wichtiger Punkt. Schon beim Erdaushub wurde genau darauf geachtet, die Erde so zu verteilen, daß die Gegend sich kaum veränderte. Auch Bunker selbst wurden manchmal so getarnt, daß sie sich umliegenden Gebäuden fast ohne Unterschied anpaßten.
Ähnlich wie der Bunkerbau war der Bau der Höckerlinie. Der volle Ausbau der Gräben und Geschützstellungen sollte erst kurz vor dem Ernstfall angelegt werden, was dann auch geschah. Nach der Fertigstellung der einzelnen Abschnitte wurde das Vorfeld mit Festungsstacheldraht durchzogen und durch Minenstreifen abgesichert.
Die Bewachung bis zur Übernahme durch das Heer verrichteten Zivilbedienstete der einzelnen Standortverwaltung und der Organisation Todt.

Bau der Höckerlinie

Der Westwall von 1938 bis 1945

Als vom Mai 1938 an Arbeitskräfte, Baustoffe, Transport, Mittel und Geld reichlich zur Verfügung standen, wurde es möglich, bis zum Kriegsbeginn etwa 14000 Bunker und Kampfanlagen zu bauen.

An Material wurde etwa verbraucht:

Zement	8	Mill. Tonnen
Eisen	1,2	Mill. Tonnen
Zuschlagsstoffe	20,5	Mill. Tonnen
Holz	950000	Festmeter

täglich 8000 Eisenbahnwagen mit Baustoffen
gefahrene Eisenbahnwagen 1011500
Beförderung per LKW und Schiff 4500000 Tonnen
Rund 100000 Mann der Festungspionierstäbe und
350000 Mann der O.T. waren zum Bau eingesetzt.

Die Kosten ab Mai 1938 sind etwa auf 3,5 Milliarden Mark zu schätzen.

1939 bis 1940
Der Westwall war noch nicht ganz fertig, als die Kriegserklärung Frankreichs und Englands auf Grund des deutschen Einmarsches der Wehrmacht in Polen kam. Die französischen Truppen wurden an der Grenze entlang verstärkt. Es wurden laufend Spähtrupps gegen den WW geschickt; auch Störfeuer wurde geschossen.
Auf deutscher Seite wurde auch, soweit noch nicht durchgeführt, die Grenze verstärkt und der WW planmäßig besetzt. Man war sich deutscherseits bereits im klaren, daß der WW jetzt nur noch Ausgangsstellung für einen Waffengang gegen Frankreich sein konnte. Mit der Rückversicherung, falls etwas schiefgehen sollte, als Auffangstellung zu dienen.
Er war dann auch für die Truppe von großem Wert und großer Beliebtheit, da man die Wintermonate über vor Wind und Regen geschützt war.
Am 10. Mai 1940 war der Westwall dann das Sprungbrett zum Angriff auf Frankreich.

1944 bis 1945
Als die Front sich mehr und mehr auf die deutsche Reichsgrenze zubewegte, wurde schon Wochen vorher der Westwall, die Siegfried-Linie, wie die Engländer sagten, systematisch ausgebaut und versorgt, Munition und andere Versorgungsgüter gelagert, Schützengräben ergänzt, Ringstände

gebaut und Panzergräben gezogen. Wobei hauptsächlich Frauen und ältere Männer, Kriegsgefangene und Hiwis eingesetzt wurden.
Als dann die deutschen Truppen den WW erreichten, konnten sie sich an mehreren Stellen monatelang festsetzen, ja sogar kleinere Gegenstöße und die Ardennenoffensive daraus starten. An anderen Stellen jedoch, im südlichen Saarland und im Wasgau, wo der WW verhältnismäßig dünn war, stießen die Alliierten schon bald durch und versuchten ihn von hinten aufzurollen.
Nördlich von Aachen, wo der WW endete, stieß der Feind auch weit ins Deutsche Reich durch, so daß der WW zwangsläufig geräumt werden mußte, da jetzt auch der Nachschub nicht mehr funktionierte. Bei Zweibrücken, wo eine der stärksten Stellen des WW war, zog der Feind in östlicher Richtung und nördlich (vom Saarland kommend) vorbei, ohne sich viel Mühe zu machen. Hier war der WW auch kaum besetzt, da die HKL in N/S-Richtung verlief, der WW aber hier in W/O-Richtung gebaut war.
Sehr schwere Kämpfe gab es schließlich um die Eifelsperren und den Hürtgenwald zwischen Monschau, Düren und Aachen. Es war das letzte Bollwerk zum Schutz von Köln und Bonn.
Der Westwall wurde deutscherseits in seiner Bedeutung zu hoch eingeschätzt. Aber auch die Amerikaner vermuteten zeitweilig mehr, als berechtigt war. Dazu muß man allerdings einiges bemerken.
Wäre der WW voll besetzt gewesen, so hätten die Alliierten einen weit höheren Blutzoll zahlen müssen. Nach dem Scheitern der Ardennenoffensive gab es dann nicht mehr genügend Truppen, um alle Bunker besetzen zu können. Oft waren zwei bis drei Mann für acht bis zehn Bunker zuständig. Man mußte auf der Gegenseite den Schein erwecken, daß die Stellung voll besetzt sei. Man ging von einem Bunker zum anderen, machte Feuer im Ofen und damit Rauch, schoß ab und zu Störfeuer. Mal aus diesem Bunker, mal aus dem Nachbarstand. Lange konnte man den Gegner so natürlich nicht täuschen. Mit weit überlegenen Kräften brachen die Amerikaner an der Eifelfront durch den Westwall.

MG-Schartenstand mit Gruppenunterstand und flankierender Anlage – Regelbau 2

Der Gruppenunterstand diente als Schlaf- und Aufenthaltsraum. Schartenstand und Unterstand haben je einen eigenen Eingang, die durch Eingangsverteidigungsscharten geschützt wurden. Der Notausgang führt von der flankierenden Anlage ins Freie.

Rückseite mit den zwei Eingängen (links und Mitte), daneben die flankierende Anlage, rechts unten der Notausgang

Scharte mit Treffer in der Schartenplatte

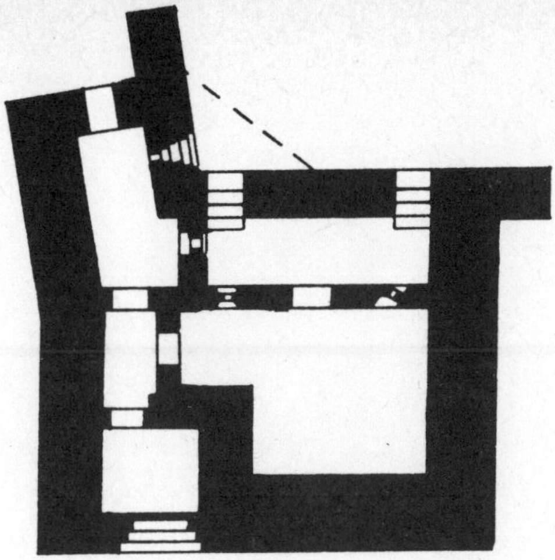

Grundriß

Die Ausbaustufe ist hier in »B neu« ausgeführt.

Besatzung:	Ein Unteroffizier und sechs Mann
Bewaffnung:	Ein schweres MG 34 auf Festungslafette und in der flankierenden Anlage ein MG. Eingangsverteidigung durch K 98 und Pistole.

Eingang zum Kampfraum mit Eingangsverteidigung

Doppel MG-Schartenstand – Regelbau 3

Zwei Kampfräume, ein Schlaf-Aufenthaltsraum und ein Munitionsraum. Notausgang im Aufenthaltsraum

Besatzung:	Zwei Unteroffiziere und zwölf Mann
Bewaffnung:	Zwei MG 08 oder 34 auf Festungslafette 08/34 Eingangsverteidigung durch K 98, MP und Pistolen

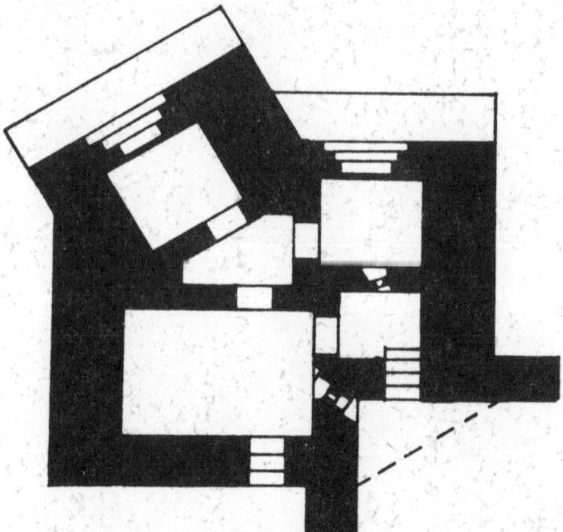

Gruppenunterstand mit Kampfraum – Regelbau 10

Diese kombinierte Anlage besteht aus einem Gruppenunterstand und einem angehängten Kampfraum. Der Gruppenunterstand diente der Besatzung als Aufenthaltsraum, in dem auch die Betten untergebracht waren.
Er hat zwei Eingänge, die durch eine Eingangsverteidigungsscharte ein feindliches Eindringen verhindern.
Der Kampfraum war je nach den Erfordernissen links oder rechts angebracht, er war durch einen extra Eingang mit Verteidigungsscharte zu erreichen. Die Besatzung mußte von einem Bauwerk in das andere, einen Verbindungsgang gab es nicht.

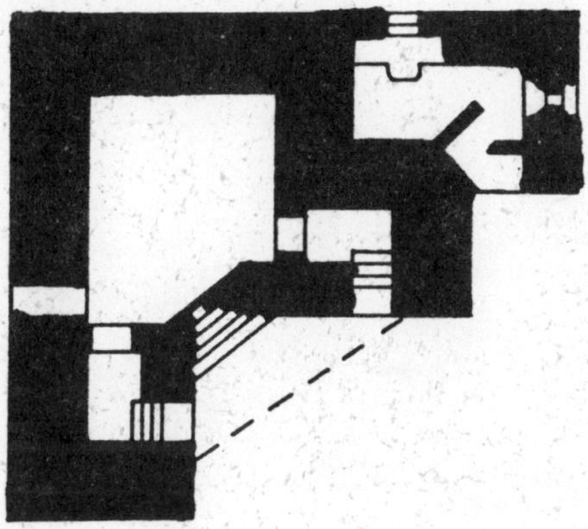

Der Gruppenunterstand hatte einen Notausgang.

Besatzung:	Eine Infanteriegruppe/13 Mann
Bewaffnung Gruppenunterstand:	MG 34 auf Festungslafette für die Eingangsverteidigung, K 98, MP;
Bewaffnung Kampfraum:	MG 34 auf Festungslafette, für die Nahkampfscharte, MP und Pistole; für die Eingangsverteidigung MP oder Pistole

Rechts der Gruppenunterstand, links der Kampfraum, Ansicht von der Freundseite

Hier ist der Kampfraum links vom Gruppenunterstand, Nahkampfscharte.

Doppelgruppenunterstand – Regelbau 102 v

(v = verkleinert)

Besatzung: Zwei Unteroffiziere und 12 Mann

Bewaffnung: Sie bestand aus den Infanteriewaffen MG, MP, K 98 und Pistolen

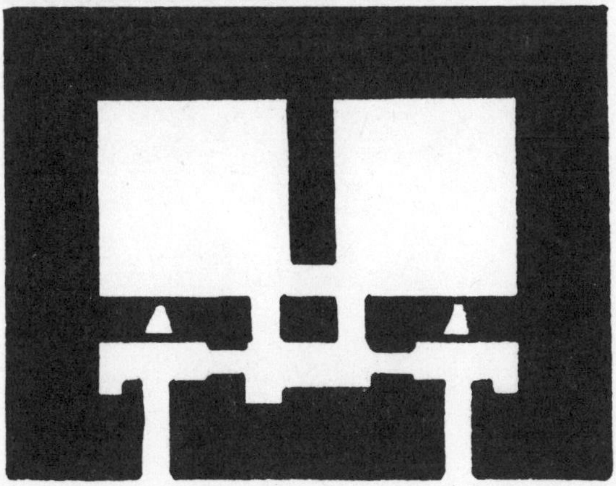

Grundriß

»MG-Kasematte ohne Gruppe mit Sehrohr und ohne flankierende Anlage« Regelbau 105

Die Kasematte kommt ebensooft mit flankierender Anlage wie auch ohne vor. Dieser Regelbau befindet sich an der Bahnlinie bei Dillingen und ist als Schuppen getarnt, wie auf dem Bild zu sehen ist.
Bei Bous unterhalb der Brücke befindet sich ein weiterer Regelbau 105.
Die Bewaffnung bestand aus einem MG 34 auf einer Festungslafette 08 mit dem Gewehrträger 34. Wie bei den meisten Westwallbunkern. Ein Unteroffizier und fünf Mann bildeten die Besatzung. Zum Bau waren 567 m^3 Beton nötig.

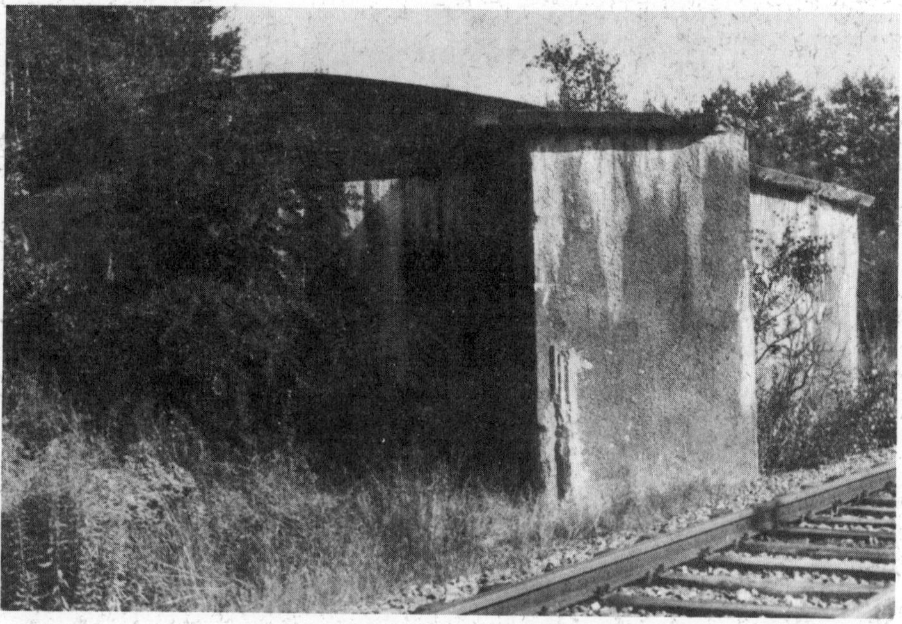

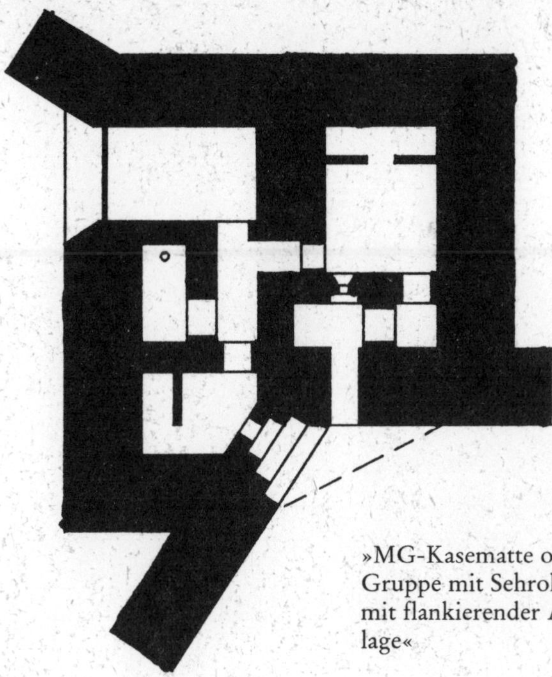

»MG-Kasematte ohne Gruppe mit Sehrohr und mit flankierender Anlage«

»MG-Schartenstand mit MG-Kasematte, flankierender Anlage und Sehrohr« Regelbau 108

Der mit zwei Kampfräumen ausgestattete Bunker kommt in bestimmten Gegenden, wie z. B. Beckingen, Dillingen und Völklingen, sehr oft vor. Natürlich mit oder ohne flankierende Anlage.
Bei dem frontal eingesetzten Kampfraum ist die MG-Schartenplatte dicker als bei dem Kampfraum, der flankierend wirkt.
Die Bewaffnung besteht aus zwei MG 34 auf Festungslafetten. Die Besatzungsstärke war für 12 Mann vorgesehen. An Beton wurden hier 790 m^3 benötigt.

Regelbau 108

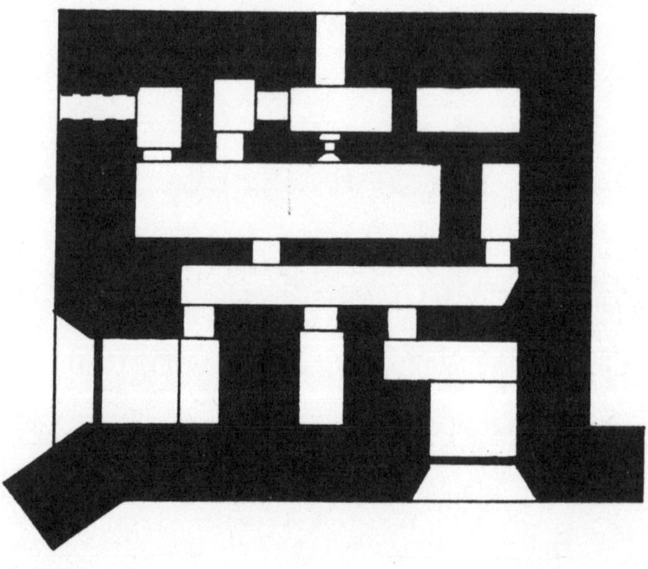

Sechsschartenturmstand Bauausführung »B« – Regelbau 112a

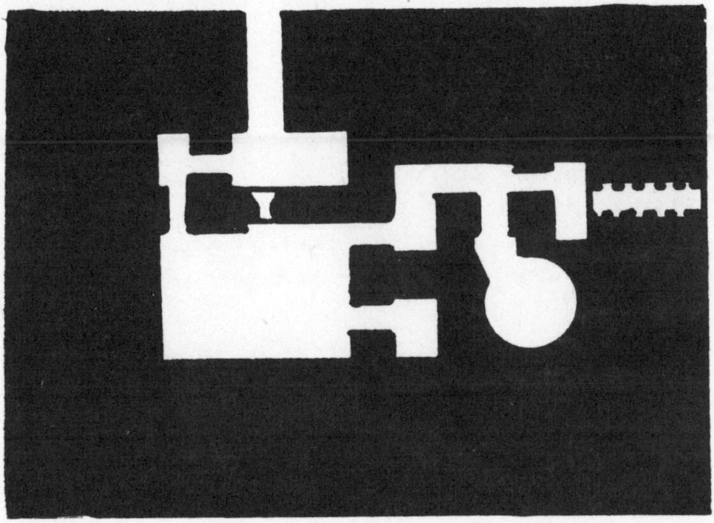

Dieser Bautyp besitzt eine Panzerglocke mit 40 cm Panzerstärke, sechs Scharten. Ein Vorrats- und Bereitschaftsraum, in dem auch die Schlafstellen waren. Der Eingang besitzt eine Eingangsverteidigungsscharte. Auch hier war ein Notausgang vorhanden.

Besatzung:	Ein Unteroffizier und sechs Mann
Bewaffnung:	Zwei MG 34 oder 08 in der Panzerglocke, MP, K 98 oder Pistolen für die Eingangsverteidigung.

Gruppenunterstand mit angehängtem Pakunterstellraum Regelbau 504

Der Unterstand ist je nach den Erfordernissen links oder rechts an den Regelbauten angehängt. Der Gruppenunterstand diente der Pakbedienung als Aufenthaltsraum, der sich in Munitions-, Schlaf- und Aufenthaltsraum aufteilte.

Bei den Bauwerken, in denen Panzerglocken oder ein Periskop eingebaut waren, kommen noch Räume dazu.

Die Pakmannschaft gelangt vom Unterstellraum durch einen Zwischengang in den Gruppenunterstand, der durch eine Eingangsverteidigung geschützt war.

Der Unterstellraum, rechts der Verbindungsgang zum Gruppenunterstand

Links der Unterstellraum, rechts der Eingang

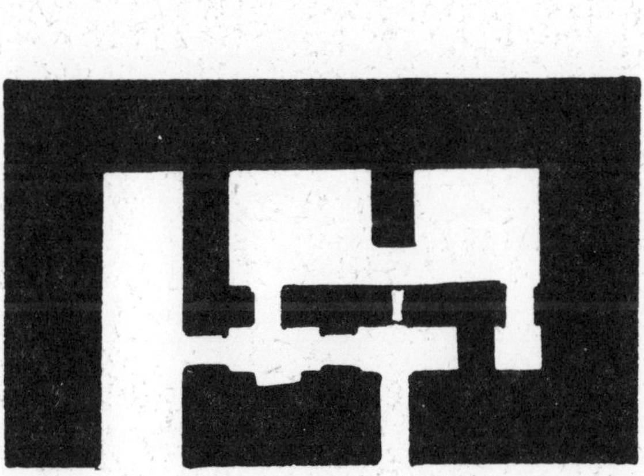

Grundriß

Pakstand – Regelbau 505

Bewaffnung:	37 mm/75 mm Pak Ein MG 08 oder 34 in der Eingangsverteidigung
Besatzung:	Ein Unteroffizier und sechs Mann

Pakstand von vorne

Pakstand von hinten

Eingang links, Eingangsverteidigung Mitte und das Panzertor für die Pak

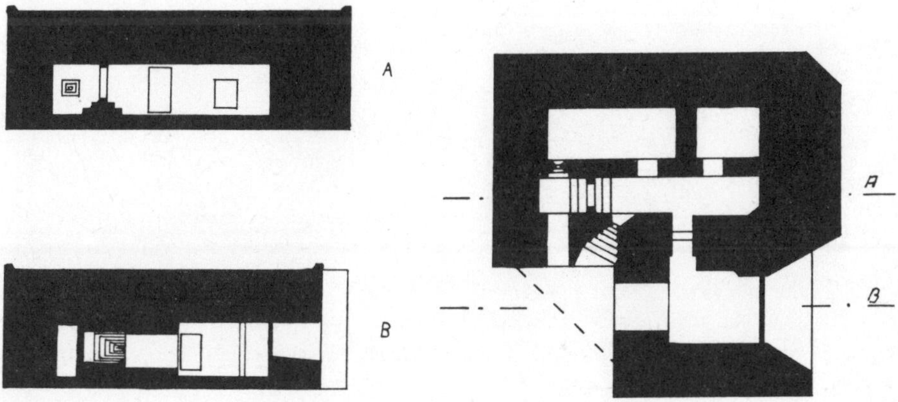

Die Drehbettung für die Panzerabwehrkanone (37 mm) in Pak-Schartenständen

Die Drehbettung dient in Pak-Schartenständen zur Aufnahme der Panzerabwehrkanone. Sie ermöglicht den Einsatz der Pak hinter Scharten mit 30° und 60° Seitenrichtfeld.
Sie dient außerdem unter Verwendung der MG-Schartenlafette 08 zum Einsatz eines MG 08 oder MG 34 (mit Gewehrträger 34), wenn die Pak ausgefallen oder wenn der Einsatz des MG anstelle der Pak erforderlich ist.
Die Pak wird ohne Unterschild mit Hilfe der Auffahrtsschienen auf die Plattform der Drehbettung in Feuerstellung gefahren und mit der Radachse in den Achslagern der Drehbettung befestigt. Die Räder werden abgenommen.
Das Seitenrichtfeld beträgt auf der Drehbettung bis zu 60°. Das Seitenrichtfeld wird durch Schwenken der Drehbettung, die vorn an einem Zapfen drehbar befestigt ist und auf zwei Rollenlagern seitwärts geschwenkt werden kann, erreicht.

Schartenplatte	1
Schartenschieber	2
Drehzapfen	3
Plattform	4
Holme	5
Spornwagen	6
Achslagerbock	7
Sperre f. seit. Richtm.	8
Sockel für MG	9
Laufrolle	10
Zahnkranz f. seit. Richtm.	11
innere Laufbahn	12
äußere Laufbahn	13
Seitenrichtmaschine	14
verstellb. Sitz f. MG	15

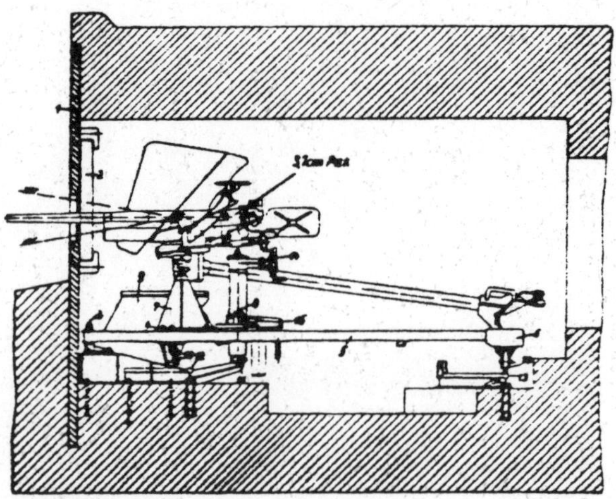

Die grobe Seitenrichtung der Pak wird mit der Seitenrichtmaschine der Drehbettung eingestellt. Bei schnellem Zielwechsel kann die Seitenrichtmaschine ausgekuppelt und die Drehbettung von Hand in die erforderliche Seitenrichtung gebracht werden. Die Grobteilung für die Seitenrichtung ist auf der äußeren Laufbahn von 0 bis 500 Strich, nach jeder Seite von 100 zu 100 Strich unterteilt, angebracht.

Das Einstellen der feinen Seitenrichtung erfolgt mit der Seitenrichtmaschine der Pak.
Zum Begrenzen des Höhenrichtfeldes der Pak dient der Höhenbegrenzer. Das Höhenrichtfeld (+ 10° bis − 10°) muß durch die Anschläge am Höhenbegrenzer genau eingestellt sein.
Bei Schweigestellung der Pak wird das Rohr zurückgezogen und mit dem Bodenstück auf einer hochklappbaren Rohrstütze der Drehbettung gelagert.

Verwendung der Drehbettung für den Einbau des MG 08 oder MG 34.

Der Einbau eines MG 08 oder 34 auf der Drehbettung erfolgt unter der Verwendung der MG-Schartenlafette 08. Die Schartenlafette wird auf dem MG-Untersatz aufgesetzt und mit diesem auf den Sockel der Drehbettung geschoben.
Die Drehbettung muß für den Einbau eines MG in Nullstellung (Mittelstellung) stehen. Der Richtschütze bedient das MG im Sitzen. Der Sitz ist in der Höhe und nach rückwärts verstellbar.

Schartenplatte	1
Schartenschieber	2
Drehzapfen	3
Plattform	4
Holme	5
Spornwagen	6
Achslagerbock	7
Sperre f. seit.Richtm.	8
Sockel für MG	9
Laufrolle	10
Zahnkranz f. seit. Richtm.	11
innere Laufbahn	12
äußere Laufbahn	13
Seitenrichtmaschine	14
verstellb. Sitz f. MG	15

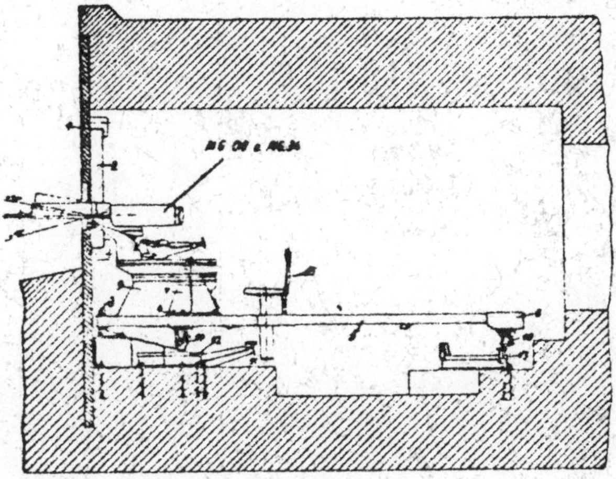

Regelbau 506 b links »Kasematte für 47 mm tschechischer (t) Festungspak«

Bewaffnung:	47 mm Pak (t)
Besatzung:	1 Unteroffizier
	11 Mann
Ausbaustufe:	»B neu« 2,00 m Wand- und Deckenstärken
Panzereinbauteile:	1 tschech. Panzerscharte
	1 48P8
	1 15P7
	2 19P7
	2 434P01
	1 410P9
	1 491P2
Trägerdecke:	
Profilstahl:	14 262,36 kg
Bleche:	1 395,46 kg
Stabeisen:	291,28 kg
Gesamt:	15 949,10 kg
Beton:	779 m³

Dieser Regelbau 506 b links wurde bis jetzt nur *einmal* am gesamten Westwall gesehen!

Beobachtungsstand – Regelbau 509

Der Regelbau 509 besteht aus zwei Räumen, dem Aufenthalts- und Beobachtungsraum. Der B-Raum ist in Form eines Schachtes, der nach oben führt, gebaut, und wird mit einer 10 cm starken Panzerplatte abgeschlossen. Durch diese Panzerplatte erfolgt mittels eines Perikops die Beobachtung. Zu diesem Stand waren 265 m³ Beton nötig.
Besatzung: Ein Offizier, ein Unteroffizier und vier Mann

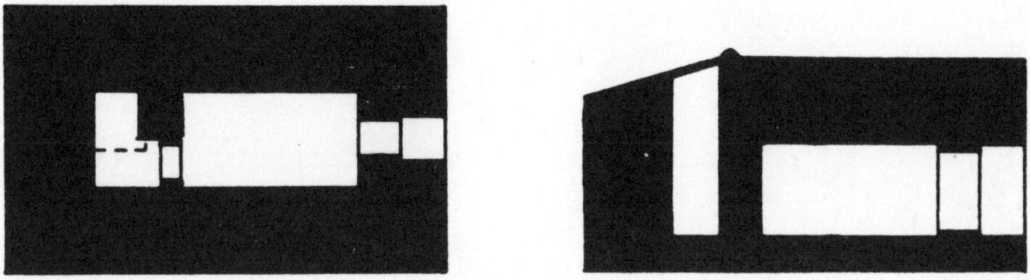

Grundriß und Schnitt

Pak und MG-Schartenstand

Eine kombinierte Anlage mit dem Regelbau 20 – Stand für eine 37 mm Pak- und einen MG-Schartenstand Regelbau 1. Beide Anlagen sind durch einen kleinen Hohlgang miteinander verbunden. Der Notausgang vom MG-Stand führt in den Pakstand. Die Anlage sichert einen Brückenübergang bei Mettlach im Saarland.

Verschiedene MG-Schartenstände

Abgeknickter Schartenstand

Schartenstand mit Infanteriekleinstbeobachtungsglocke

Höckerlinie

Diese Panzersperre bestand aus einzelnen Betonhöckern, die von der Feindseite aus immer höher wurden. Insgesamt wurden 280 km Höckerlinie am Westwall erbaut. Heute ist kaum noch etwas von dieser Panzersperre zu sehen.
Die Ausführung bestand aus betonierten Streifen, auf denen die Höcker, mit Moniereisen verbunden, aufgesetzt wurden.

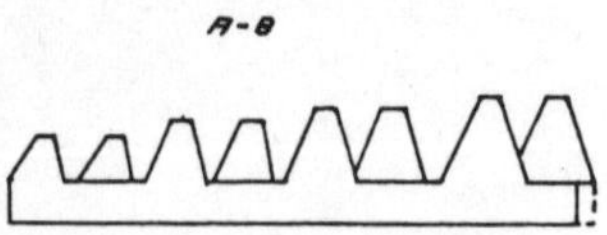

Seitenansicht der Höcker

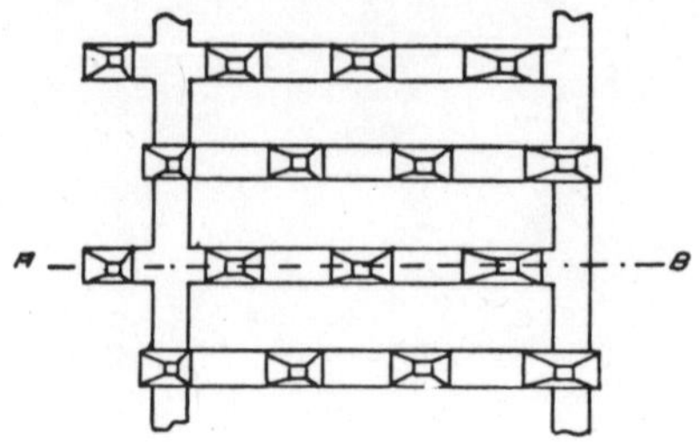

Die Höcker sind hier auf einer Betonplatte aufgesetzt

Bietzen

Oberhalb der Bahnlinie Dillingen–Merzig bei Bietzen im Saarland ist der Bunker zu finden. Er ist zwischen Bäumen und Büschen sehr schwer auszumachen. Da aber noch mehrere gesprengte Anlagen an diesem Hang liegen und diese nur nach und nach aufzusuchen sind, kommt man von selbst zu dem Sonderbau.
Das Einmalige der Anlage sind die drei Notausgänge, die versetzte Anordnung des Bauwerks sowie der vorgesehene Hohlgangsanschluß an eine weitere Anlage.

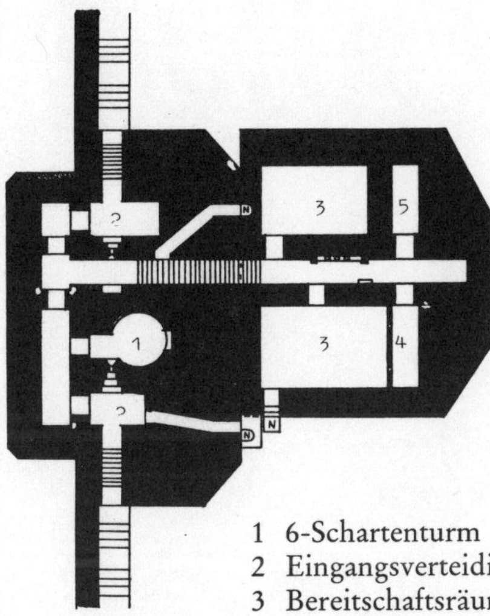

1 6-Schartenturm
2 Eingangsverteidigung
3 Bereitschaftsräume
4 Funkraum
5 Kommandant
N Notausgänge

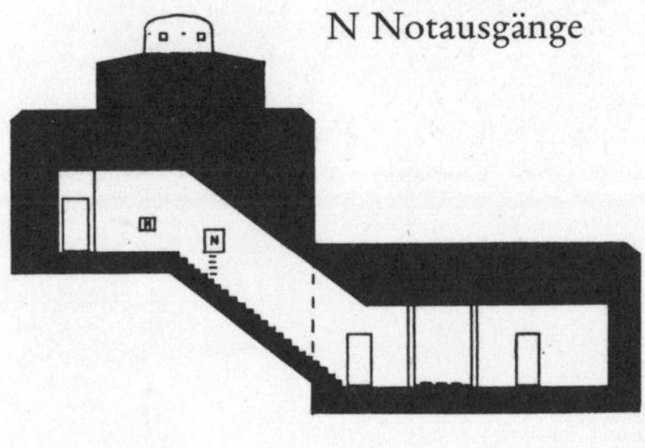

Der Sechsschartenturm zeigt schwere Beschußschäden, die auf einen harten Kampf schließen lassen.

Kleinst B-Werk »Rentrisch«

Die im Saarland befindliche Anlage bei Rentrisch wurde bereits dem Zivilluftschutz übergeben.
Das B-Werk besitzt einen abgesetzten, durch einen Hohlgang verbundenen Eingang mit gegenüberliegender flankierender Anlage, ferner einen 6-Schartenturm für je zwei MG, einen Dreischartenturm für ein MG und eine Infanteriekleinstbeobachtungsglocke.

Grundriss Kleinst B-Werk Rentrisch

1 3 Schartenturm
2 Kleinstglocke
3 6 Schartenturm
4 Hohlgang
5 Flankierende Anlage
6 Eingang

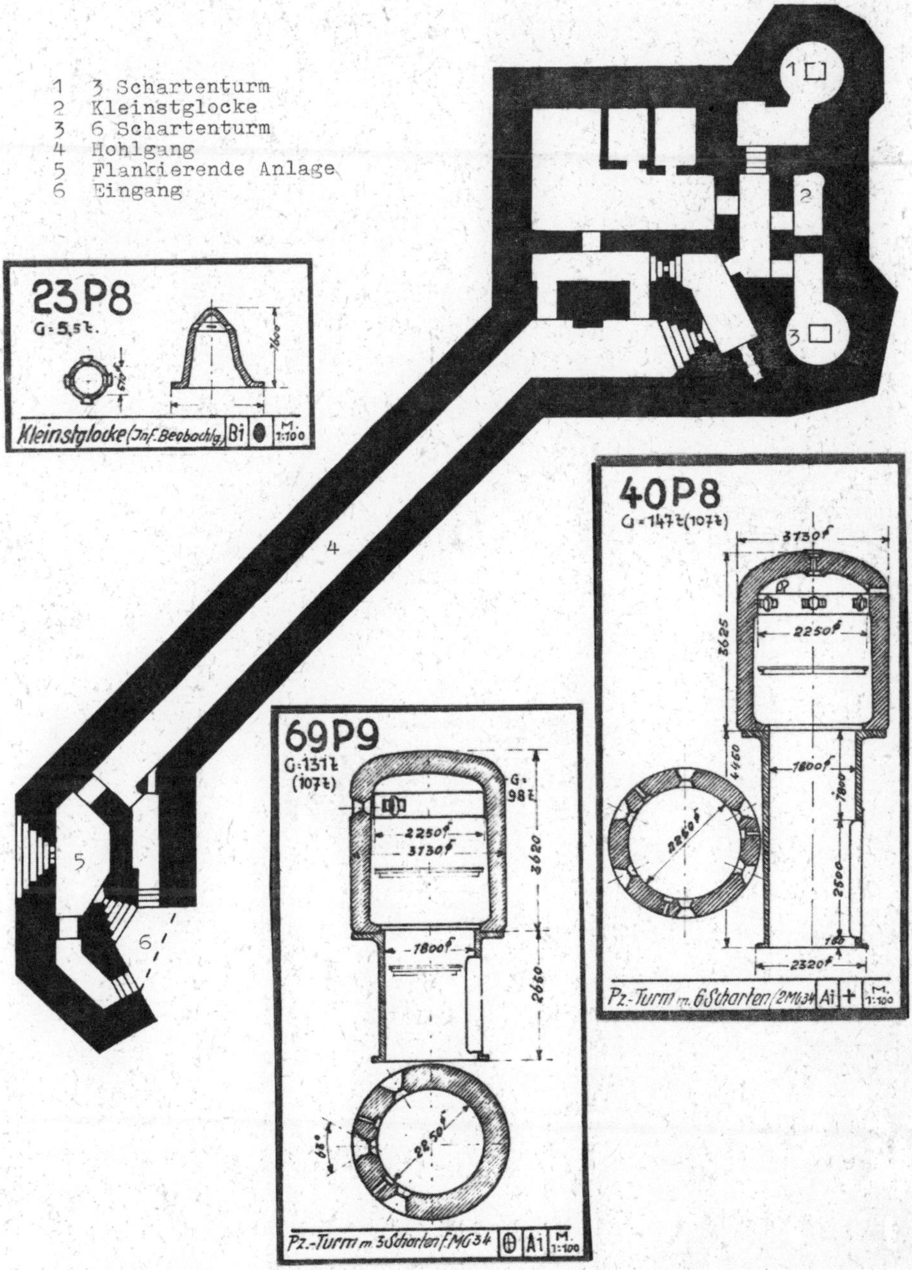

Die Kampfanlage vorne: 3-Schartenturm, Mitte: Kleinstglocke, hinten: 6-Schartenturm

Die flankierende Anlage

B-Werk Hilbringen

In dem rechten Brückenpfeiler der Saarbrücke, die Hilbringen und Merzig verbindet, befinden sich fünf MG-Schartenstände eines Sonderbaues im Westwall.

Die MG-Schartenstände waren mit einem Hohlgang mit dem eingebauten Panzerdrehturm für eine 5 cm Pak und MG 34 (Panzereinbauteil 91P9) verbunden. In der Mitte des Haupthohlganges gingen zwei weitere (einer rechts der andere links), Hohlgänge zu den vier Eingängen. Sie wurden durch Eingangsverteidigungsscharten geschützt. Der Haupthohlgang wurde an beiden Seiten durch Scharten gegen ein feindliches Eindringen gesichert. Bei dem Panzerturm waren noch Räume für die Munition und die Bereitschaft vorhanden. Sämtliche Räume waren mit Sprachrohren miteinander verbunden. In einer Art von Zentrale liefen fünf Sprachrohre zusammen.

Die rechten Kampfräume wurden vor kurzer Zeit beseitigt, da neue Fundamente für eine neue Brücke errichtet wurden.

Der Haupthohlgang, hinter dem Verteiler sind die zwei abzweigenden Hohlgänge zu den Eingängen zu sehen

Das Bild mit dem Standort der zerstörten Kampfräume zeigt rechts die Verbindungsräume zu den restlichen MG-Ständen. Links die Verbindung zu dem Haupthohlgang.

Inschrift über einem zu dem Eingang führenden Hohlgang

Erklärung zum Grundriß B-Werk Hilbringen

1 MG-Kampfstände
2 Bereitschaftsräume
3 Hohlgangsverteidigungsscharten
4 Aufgang zum Pak- und MG-Turm (91P9)
5 Munitionsräume
6 Kommandant
7 Hohlgang
8 Flankierende Anlagen
9 Eingänge
10 Funkraum

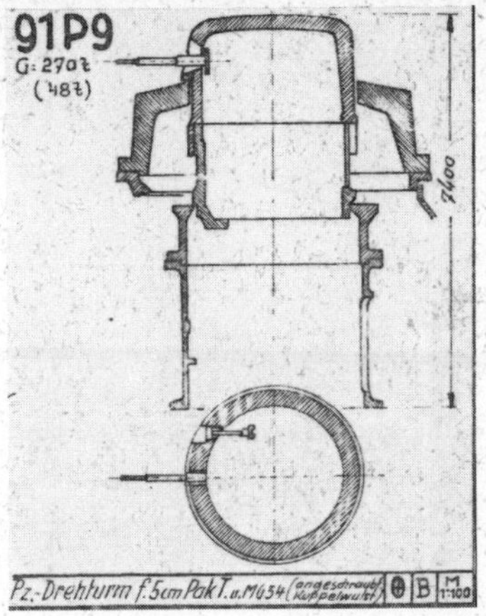

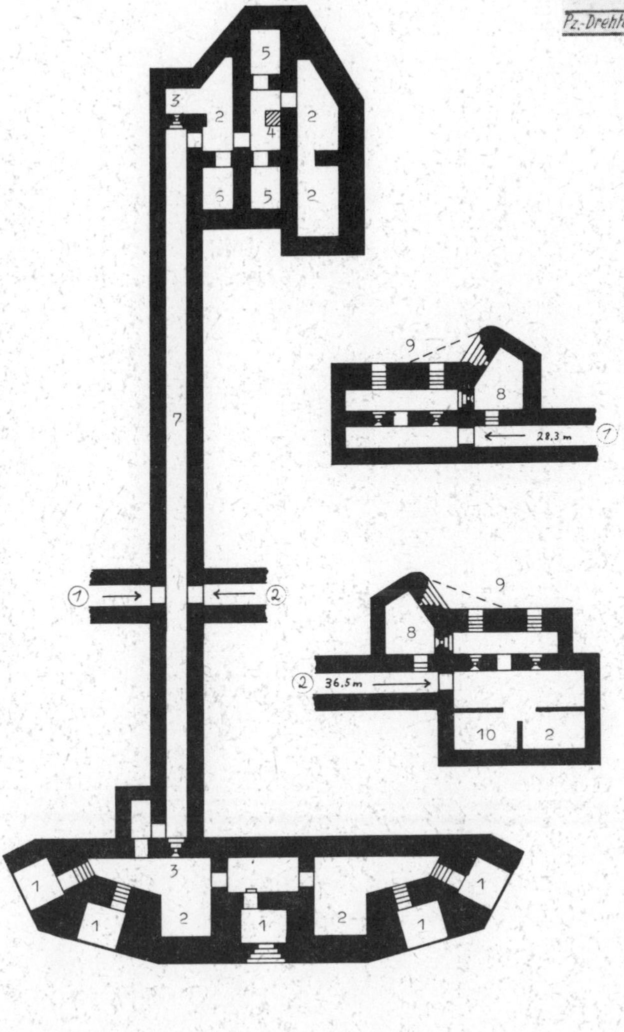

Fernsprechraum mit zwei Sprachrohren

Stände mit aufgesetztem Pantherturm

Diese Anlagen wurden in drei Ausführungen geplant. Die erste Ausführung war als Stahlbetonunterstand (Regelbau 687) ausgeführt. Der »O.T.«-Stahlstand war die nächste Ausführung. Da die beiden Stände sehr viel Aufwand erforderten, wurde als Notbehelf der Holzstand entworfen. Im großen und ganzen waren alle Inneneinrichtungen der drei Ausführungen mit einigen Ausnahmen gleich.

Der Stand war bis zur Oberkante im Gelände versenkt. Nur der Pantherturm war zu sehen. Der Stahlbetonunterstand wurde wie jeder andere Westwallbunker erbaut. Für die Turmbedienung waren drei Mann nötig. Der Munitionsraum war für 450 Schuß der 7,5 cm KwK sowie 4500 Schuß für das MG 34 vorgesehen.
Beim O.T.-Stahlstand verlief die Sache etwas anders. Dieser Stand wurde in zwei Teilen mit Spezialtiefladern angeliefert. Teil eins bestand aus dem Oberteil mit dem Panzerturm, Teil zwei war das Unterteil, der Stand selbst. Die beiden Teile wurden in der Baugrube zusammengesetzt. Der Zusammenbau mußte unter allen Umständen waagrecht erfolgen, da sonst die Betätigung des Turmes in Frage gestellt werden mußte. Um die Transportschwierigkeiten so gering wie möglich zu halten, wurde vorgeschlagen, die O.T.-Stahlstände möglichst in der Nähe von guten Straßen zu errichten.

Der Stahlstand und der Pantherturm haben folgende Stahlstärken:

Stand:	Innenwände	50 mm
	Bodenplatte	40 mm
	Seitenwände unterer Teil	70 mm
	Seitenwände oberer Teil	80 mm
	Decke	100 mm
Turm:	Stirnwand	120 mm
	Decke	60 mm
	Seite	45 mm
Gewichte:	Turm	8,8 Tonnen
	Oberteil des Standes	13,5 Tonnen
	Unterteil des Standes	18,5 Tonnen
	Einrichtung	1 Tonne
	Gesamtgewicht:	41,8 Tonnen

Munitionsvorrat:	175 Schuß für die 7,5 cm KwK
	4500 Schuß für das MG 34
Besatzung:	3 Mann, es konnten noch 6 Mann zusätzlich liegend untergebracht werden!

Schußsicherheit gegen 10,5 cm Einzeltreffer!

Der Holzstand besteht aus einem Traggerüst, welches verschalt wird. Vier Holzstempel tragen den oberen und unteren Rahmen. Die Grundplatte mit dem Turm ist auf dem oberen Teil mit Schraubbolzen befestigt. Die Eingangstüre besteht aus einer einfachen Brettertüre 85 × 129 cm. Das Gewicht des Turmes mit der Grundplatte beläuft sich auf 11 Tonnen. Als Munitionsvorrat waren zwei Nischen für je 81 Schuß der 75 mm Kanone vorgesehen. Als Bedienung für den Turm sind drei Mann notwendig.

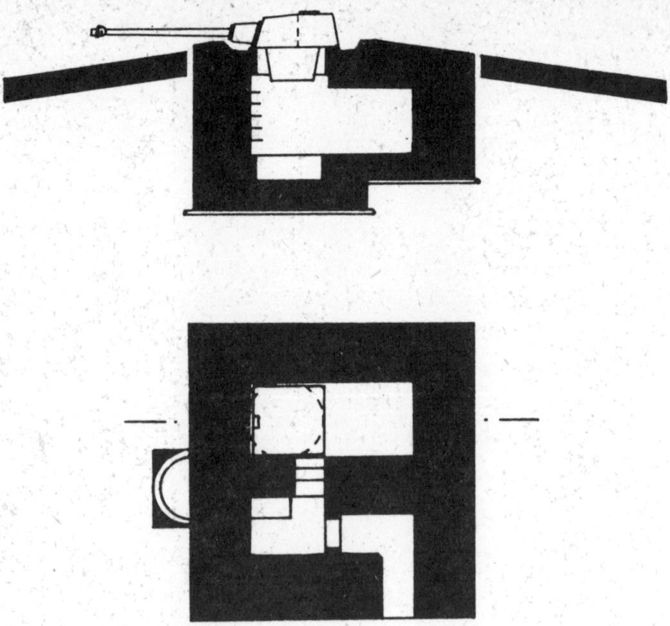

Grundriß und Schnitt vom Stahlbetonunterstand
– Regelbau 687 –

Die Stände sind nicht gassicher, als Schutzlüfter wurde der Lüfter HES 1,2 für Handbetrieb eingebaut. Der Turmantrieb erfolgte mit einem 8,7 PS Motor. Die Schwenkgeschwindigkeit beim maschinellen Drehen war 6° in der Sekunde. Für eine 360° Umdrehung im Handbetrieb benötigte man etwa 8 Minuten!
Im Vorraum des Standes sind für die nötige Preßluft sowie für Strom ein Benzinaggregat mit 2 PS und eine Lichtmaschine für 600 W, sowie ein Druckluftkessel von 20 L und ein Akkumulator von 150 Amperestunden untergebracht.
Bis zum Februar 1945 sollen noch 65 Stände erbaut worden sein. In welcher Bauausführung, ist unbekannt, im Bau waren noch 31 Stände.

Maschinengranatwerfer M 19 50 mm

Der Maschinengranatwerfer in Panzerglocken dient der Bekämpfung der von den Infanteriewaffen nicht zu bestreichenden Geländemulden.
Die Panzerglocken für den M 19 sind in den ständigen Befestigungen wie zum Beispiel in »B-Werken« oder in den Regelbauten 135a und 136 eingebaut. Sie kommen auch in den Anlagen des Atlantikwall vor.

Technische Daten:

Höhenrichtfeld		48° bis 87°
Seitenrichtfeld		360°
Seitenrichtgeschwindigkeit	von Hand	11° sec.
Schußgeschwindigkeit	von Hand	bis 60 Schuß/min
	elektrisch	30 bis 120 Schuß/min
Munitionszuführung		Im Rahmen je 6 Wurfgranaten
Optik		Panzerrundblick Zielfernrohr
Besatzung im Kampfraum		Ein Richtschütze
		Ein Ladeschütze
		Ein Rahmenschütze
Munitionsvorrat		3900 Stück

In der Glockendecke befinden sich die Scharte für die Waffe und das Fernrohr. Der an der Waffe angebrachte Schartenverschluß legt sich bei der hochgebrachten Waffe (Feuerstellung) an die Scharte.

M 19ᴵ in 49 F
mit Schachtring
A1 in A

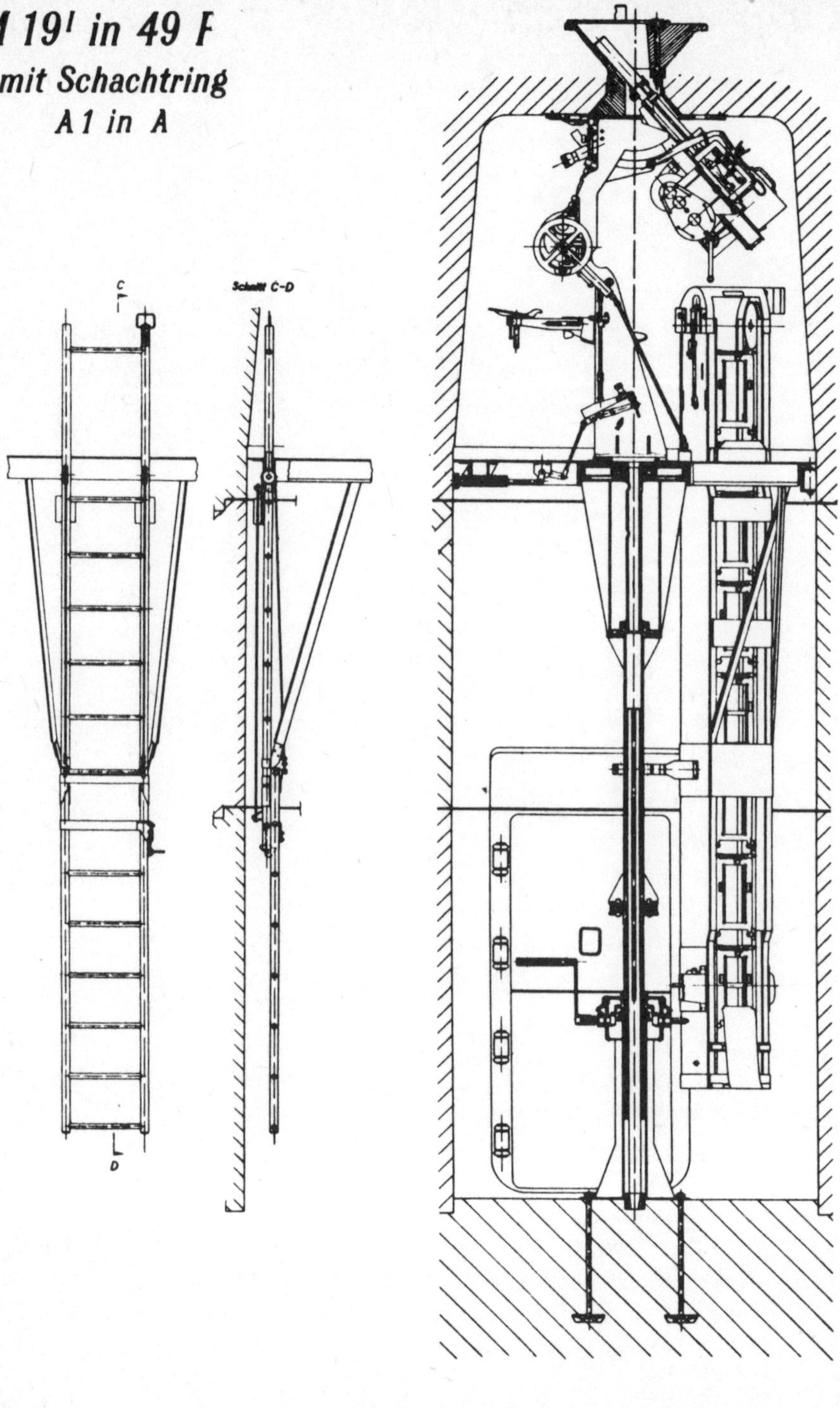

Im Aufzugraum befindet sich der Munitionsaufzug, in einer Nische die Rahmengestelle für die Munition. Der Arbeitsraum liegt hinter dem Aufzugraum. In diesem befindet sich die elektrische Anlage des Granatwerfers mit der Schaltanlage.
Das Panzer-Rundblick-Zielfernrohr (Pz. Rbl. Z.F.) ist die einzige Optik und dient zur Beobachtung und zum direkten Richten des M 19. Es hat eine fünffache Vergrößerung und ein Gesichtsfeld von 249 Strich. Die Höheneinteilung umfaßt je 6 Punkte, wobei der Abstand von Punkt zu Punkt 10 Strich beträgt. Das Pz. Rbl. Z.F. wird mit einer Handkurbel aus- und eingefahren.
In abgesenkter Stellung befindet sich die Waffe in Ruhestellung. Die Seitenrichtmaschine darf in abgesenkter Stellung nicht bedient werden, da sonst Schäden an der Waffe auftreten. Zum Schießen wird der M 19 hochgebracht. Dies erfolgt mit Hilfe eines Elektromotors oder von Hand aus.

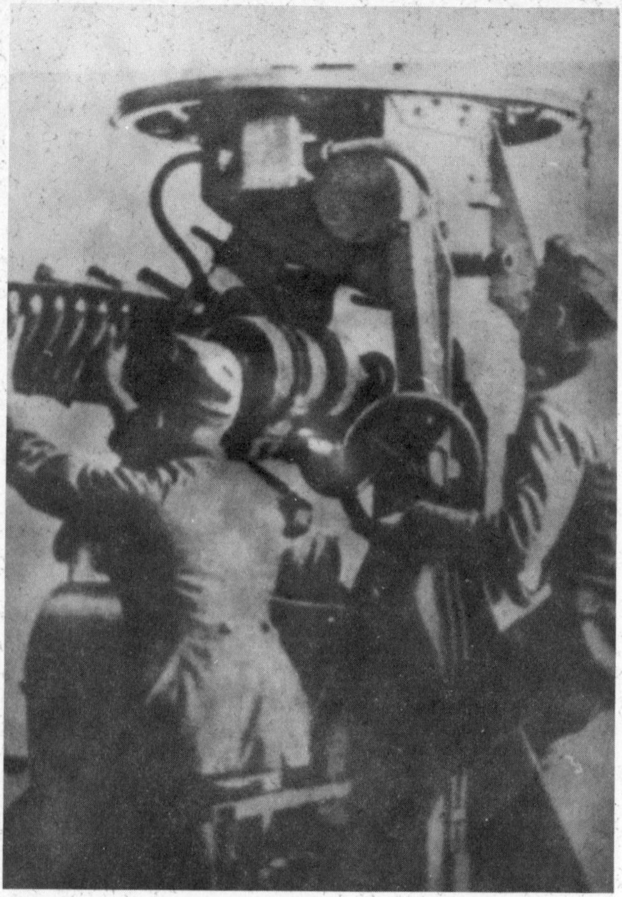

Einsetzen des vollen Munitionsrahmens mit den 5 cm Wurfgranaten 36 in die Rahmenzuführung

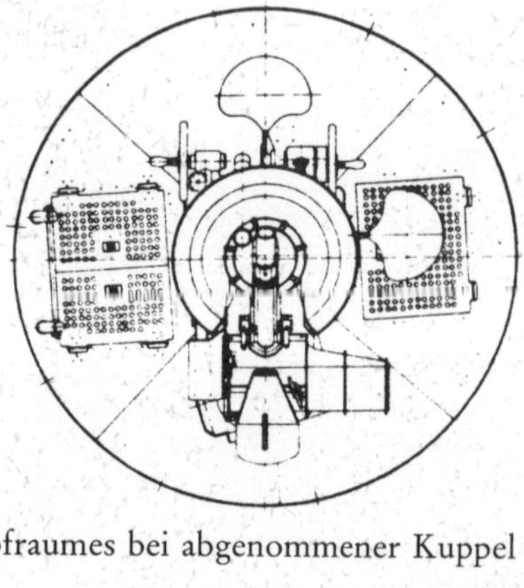

Grundriß des Kampfraumes bei abgenommener Kuppel

Notausgänge

Die meisten Bunker besaßen Notausgänge in Form von zuerst waagrecht, dann senkrecht nach oben führenden Schächten 70 cm mal 70 cm.
An der Innenseite befand sich eine Eisentür zum Verriegeln, dann etwa 15 cm starke Holzbohlen, drei Stück übereinander und einer an der Seite senkrecht verkeilt. Dahinter war der Schacht, 1–2 m hoch mit Kies gefüllt. Entfernte man die Bohlen und schaufelte den Kies ins Bunkerinnere, so konnte man ins Freie gelangen. Der Kies war eine Sicherheitsmaßnahme gegen Handgranaten und Sprengladungen. Die Ausgänge waren immer an der feindabgekehrten Seite.

Schacht eines senkrechten Notausganges

Inschriften

Eingangsverteidigungsscharte

Das Unterteil für den Schußtisch an einer Scharte

6-Schartentürme

Sie gestatten den Einsatz von zwei MG 34 für einen Winkelbereich von 63° je Scharte. Zwischen den beiden MG's muß eine Scharte frei bleiben, um den Winkelbereich ausnützen zu können.
Zur Lagerung der MG's dient die »MG-Schartenlafette 34«. Als Hauptoptik für den Turmkommandanten ist der Kampfraum mit dem Pz.-Rundblickfernrohr, zur Ergänzung der Hauptoptik mit drei oder sechs Pz.-Beobachtungswinkelfernrohren und als Notoptik mit einem Sehrohr ausgerüstet.

So sind in der Gegend von Dillingen an der Saar noch viele 6-Schartentürme zu sehen

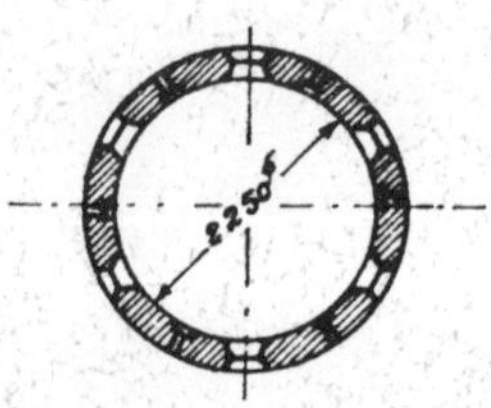

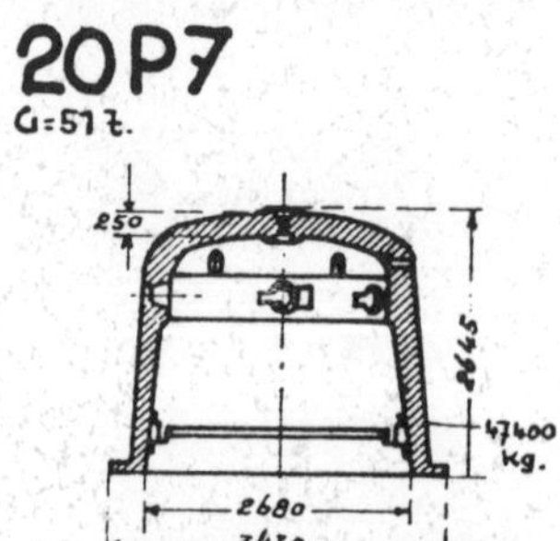

Es gibt außerdem 6-Schartentürme leichter Bauart, die an Stelle der Kugelkopfscharte rechteckige Scharten mit Verschlußklappen haben.

Hier handelt es sich um einen ausgebauten 6-Schartenturm bei Dillingen. Der Durchmesser ist gut zu sehen, da meine Frau als Größenvergleich im Innern des Turmes zu sehen ist!

Der gleiche 6-Schartenturm von Dillingen, doch von der Seite. Hier sieht man auch, wie weit der Turm in das Bauwerkinnere reicht.

Die Infanteriekleinstbeobachtungsglocke

Sie ist nur für die infanteristische Beobachtung des Kampffeldes geeignet. Scherenfernrohre können in der Glocke nicht verwendet werden. Als Ersatz für die Glocke können auch Sehrohre in die Anlagen eingebaut werden, Ausbaustufe »B« und »B 1«.

Der Westwall von 1945 bis heute

In den Jahren von 1945 bis 1947 wurden die Bunker von den Besatzungsmächten systematisch zerstört. Manche sind nur leicht beschädigt, andere vollkommen auseinandergerissen.
Die *Höckerlinie* wurde Stück für Stück herausgesprengt und beseitigt, an einigen Stellen ist sie aber noch erhalten, wie lange noch?
Stollenanlagen wurden kaum zerstört. Sie wurden nach dem Krieg von den Besatzungsmächten benutzt. Heute sind sie im Besitz der Amerikaner, Kanadier und der Bundeswehr.
Schützengräben und *Ringstände* sind, soweit nicht auf Ackerland gelegen, heute noch zu sehen.
Panzergräben wurden bald zugeschüttet, da sie ein großes Hindernis bildeten.
Das Zerstören der Bunker war mehr eine demoralisierende Sache als eine Abrüstung Deutschlands, denn einen Sinn hatte diese Maßnahme nicht.
Unzerstört hätte man sie mit wenig Zeit und somit Geld besser gegen jegliche Unfallgefahr absichern können.
Heute jedoch liegen noch Trümmer umher, einige weit verstreut, und behindern so nach wie vor die Landwirtschaft.
Bund und Länder haben schon Millionen DM ausgegeben und geben sie immer noch aus für die Gefahrenbeseitigung bei den Bunkern.
Wirklich beseitigt ist die Gefahr jedoch nicht. Regenwasser sickert in die aufgeschüttete Erde, spült sie in noch vorhandene Hohlräume und hinterläßt tiefe Löcher und Spalten. So entstehen neue Gefahrenstellen. Unkraut wächst schnell über diese überdimensionalen Maulwurfhügel, was diese Fallgruben meist nicht mehr erkennen läßt.

Maginotlinie

Die Durchführung des Ausbaus, Bauzeiten, Baukosten:

Bereits sechs Wochen nach Annahme der Vorschläge für den Bau der Befestigung wurde an drei verschiedenen Stellen der zukünftigen Front mit Versuchsanlagen großen Stils begonnen. Ebenso fanden Beschußversuche auf Betonziele statt, um Unterlagen für das geeignete Material zu gewinnen. Im Jahre 1929 konnten die Vorarbeiten mit klaren Ergebnissen als abgeschlossen gelten.

Die ersten Geldmittel für die Vorarbeiten in Höhe von 450 Millionen Franken waren seinerzeit von Minister Painlevé und Maginot durch Verkauf von alten Kasernen und Übungsplätzen beschafft worden. In den letzten Dezembertagen 1929 bewilligte die Kammer und später der Senat die ersten 3,5 Milliarden Franken. Damit konnte der Ausbau Anfang 1930 beginnen. Die Bauzeit wurde auf vier Jahre festgesetzt, denn die Befestigung sollte im Jahre 1934, dem vorbereiteten Zeitpunkt für die Räumung des Rheinlandes, beendet sein. Die wichtigsten Abschnitte, Lauter und Metz, wurden zuerst in Angriff genommen, der Abschnitt Oberrhein folgte. Unter Heranziehung großer Arbeitsheere wurde auch die Bauzeit im großen und ganzen eingehalten. Der Einbau der vielseitigen maschinellen Einrichtung zog sich allerdings noch einige Jahre hin. Ein Zusatzplan entstand, und um den 14. 8. 1934 erging ein Befehl, die ML, wenn auch nur in schwächerem Ausbau, über Longuyon hinaus bis in die Gegend von Hirson zu verlängern. Es entstand der befestigte Abschnitt Montmédy.

Die Saar-Abstimmung am 13. 1. 1935 löste sofort eine Gegenwirkung in Frankreich aus. Bis zu der Abstimmung hatte man die Saargrenze als Sperrgebiet behandelt. Jetzt setzte auch dort rege Bautätigkeit ein, und es entstanden zahlreiche Kleinkampfanlagen, allerdings nur in schwächerem Ausbau.

Im Jahre 1939 konnte der gesamte Ausbau im großen und ganzen als vollendet gelten, wenn auch naturgemäß noch hier und da nachträglich Bauten einzufügen oder schwächere Stellen zu verdichten waren.

Insgesamt waren im ständigen Ausbau ca. 5800 Anlagen geschaffen worden. An Werken wurden gebaut

zwei	Großgruppen
einundzwanzig	Werkgruppen
vierundzwanzig	Kleine Werkgruppen
fünf	Verstärkte Zwischenwerke

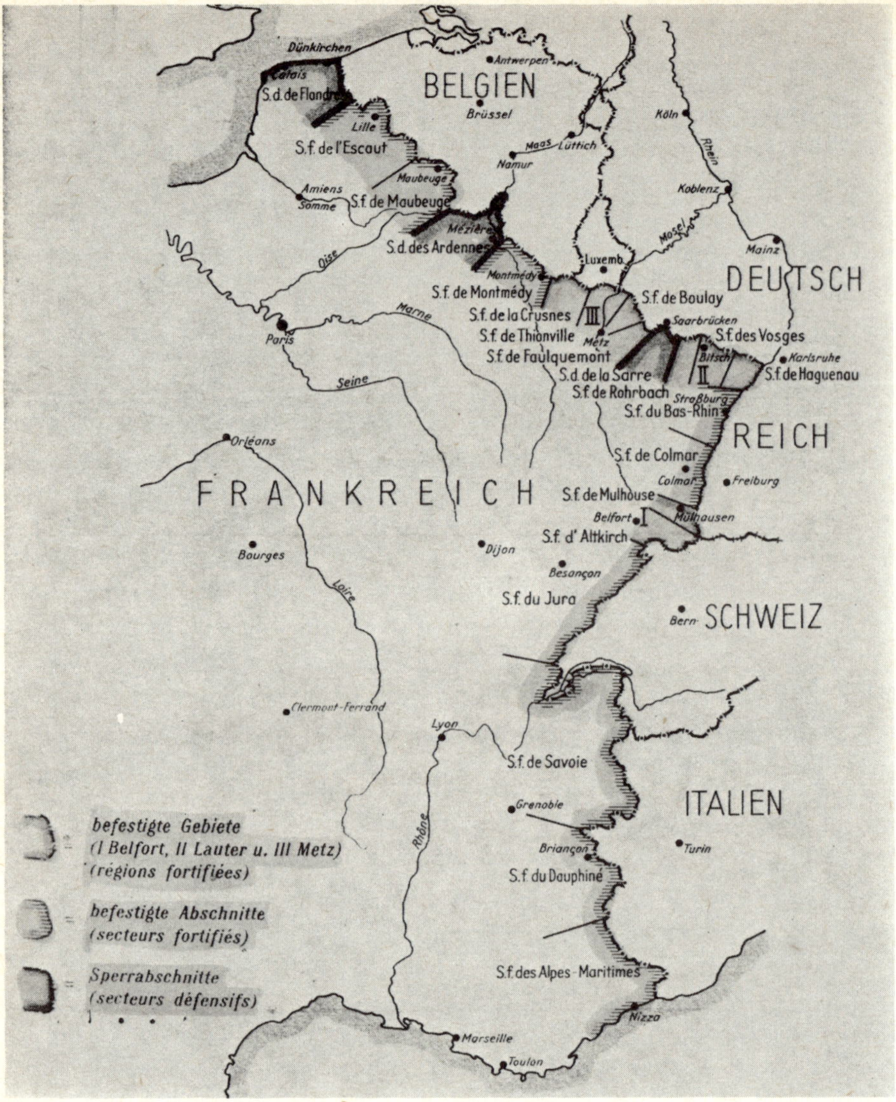

Es ist schwer möglich, ein einigermaßen zutreffendes Bild über die Baukosten der französischen Ostbefestigung zu gewinnen. Die Ausgaben wurden wahrscheinlich absichtlich unklar gehalten, um vor der Öffentlichkeit die Milliardenzahlen zu verschleiern. Nach einer Angabe aus dem Jahre 1934 kostete der laufende Kilometer im Durchschnitt 9 Mio. Goldfranken.

Die Kosten für die Befestigung würden sich demnach auf rund 7 Milliarden Goldfranken belaufen. Es ist nicht klar, ob in dieser Summe die Kosten für den Grunderwerb miteinbegriffen sind. Der Grunderwerb dürfte, im großen gerechnet, etwa 3300 Quadratkilometer umfassen.

Befestigte Abschnitte

Befestigter Abschnitt Mühlhausen, Colmar und Niederrhein. Gesamtaufgabe: Verhinderung eines Rheinüberganges und Beherrschung der von Osten in die Rheinebene führenden Anmarschstraßen.
Man kann drei Linien unterscheiden.
Die I. Linie am Rheinufer soll mit allen Kräften einen Rheinübergang verhindern. Sie hat eine ununterbrochene Feuerfront und ist unbedingt panzersicher.
Die II. Linie am Hochwasserdamm war noch unfertig, hatte also keine durchlaufende Feuerfront wie die I. Linie. Der vor ihr liegende versumpfte, urwaldartige Rheinwald und die zahlreichen Rheinarme sicherten gegen Panzer- und Infanterieangriffe.
Die III. Linie, zwei bis vier Kilometer vom Rhein abgesetzt etwa in Linie der Dorfränder, besaß zwar ebenso starke Werke wie die Rheinuferlinie, aber mit teilweise so großen Zwischenräumen, daß aus ihnen die gegenseitige Unterstützung nicht überall gewährleistet war.
Die Werke sind als Einfach- und Doppelkasematten mittelstark ausgebaut, daneben eine große Anzahl von Kleinstkampfständen. Werkgruppen sind in diesem Abschnitt nicht vorhanden.
Befestigtes Gebiet der Lauter mit den befestigten Abschnitten von Hagenau, Vogesen, Rohrbach.
Aufgabe: Abwehr von Angriffen aus der Weißenburger Senke und aus Richtung Landau sowie aus der Gegend von Zweibrücken. Als Sonderaufgabe ist der Großgruppe (GG) Hochwald der Schutz der Nordflanke der Rheinfront anvertraut, entsprechend der Aufgabe Belforts für die Südflanke.
Das Gebiet der Lauter gilt als das Kernstück der Maginotlinie und ist entsprechend seiner Bedeutung außerordentlich stark ausgebaut. Die Stellung beginnt am Rhein bei dem alten Fort Louis (Ludwigsfeste) und geht durch den Hagenauer Forst und die Unterelsässische Ebene zum Osthang der Vogesen. Hier stößt sie auf die GG Hochwald, die in Verbindung mit der Werkgruppe Schönenburg bei planmäßigem Artillerieeinsatz das Unterelsaß bis zum Rhein mit Feuer beherrscht. Nach Westen schließen quer

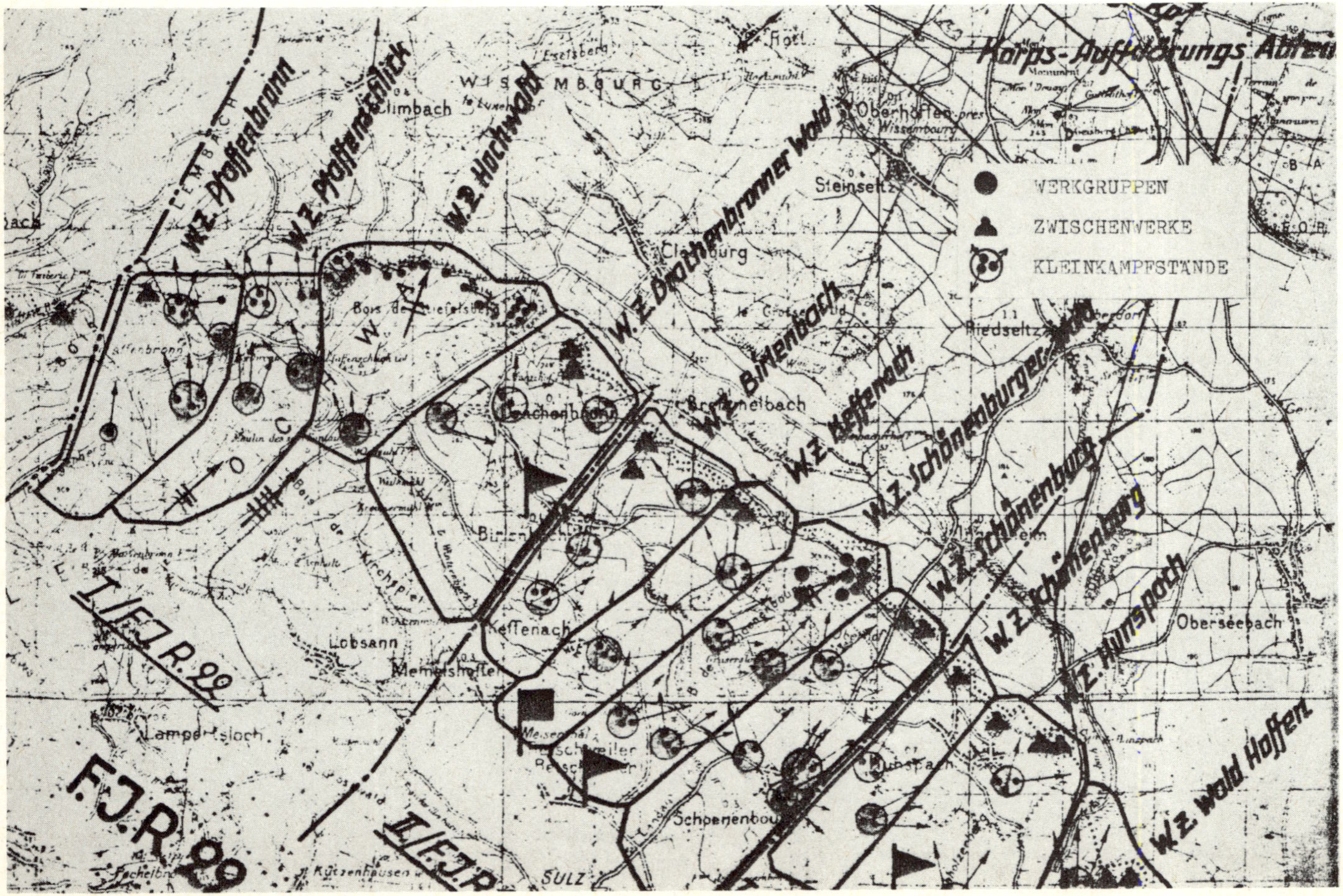
Korps-Aufklärungs Abtei
W.Z. Pfaffenbrunn
W.Z. Pfaffenschlick
W.Z. Hochwald
W.Z. Drachenbronner Wald
W.Z. Birlenbach
W.Z. Keffenach
W.Z. Schönenburger Wald
W.Z. Schönenburg
W.Z. Schönenburg
W.Z. Hunspach
W.Z. wald Hoffen
I/F.J.R. 22
II/F.J.R.
F.J.R. 29
WERKGRUPPEN
ZWISCHENWERKE
KLEINKAMPFSTÄNDE
Climbach
Wissembourg
Oberhoffen
Steinseltz
Cleebourg
Riedseltz
Bremmelbach
Birlenbach
Keffenach
Lobsann
Memmelshoffen
Lampertsloch
Schoenenbourg
Oberseebach
Hunspach
Kutzenhausen
Sulz

durch das Waldgebirge hindurch die Befestigungen von Lembach im Sauerbachtal an; sie gehen über in die Sperrlinie des Schwarzbachtals. Dann folgt auf den Westausläufern der Vogesen die schwer ausgebaute Linie von Bitche bis zur Saar.
Außer der Großgruppe Hochwald umfaßt das befestigte Gebiet der Lauter folgende Werke:
Werkgruppe Schönenburg, Werkgruppe Four a Chaux, Kleine Werkgruppe Lembach, Werkgruppe Grand Hohékirkel, Werkgruppe Otterbiel, Werkgruppe Schiesseck, Werkgruppe Simserhof, Kleine Werkgruppe Rohrbach, Kleine Werkgruppe Welschoff, Kleine Werkgruppe Haut Poirier. Die Lücken zwischen den Werken sind durch rund 70 Zwischenwerke als selbständige Kampfanlagen ausgefüllt. Ihr Ausbau ist teils mittelstark, teils schwer gehalten. Der Wichtigkeit des Abschnitts entsprechend sind auch die Hindernisse sehr umfangreich ausgebaut.

Sperrabschnitt Saar

Aufgabe: Überbrückung der Lücke zwischen Saar und dem befestigten Gebiet von Metz, Verhinderung eines Durchstoßes in das lothringische Saargebiet und Schutz des Kohlengrubengebiets um Falkenberg.
Im Gebiet des Saartales hatte man bis zur Saarabstimmung im Januar 1935 keinerlei Befestigungen gebaut. Nur Sperren, vor allem Stauanlagen, waren geschaffen oder vorbereitet worden. Die Hauptkampflinie (HKL) richtete sich nach dem Zuge der Wasserläufe. Angelehnt an Saar, Saarkohlekanal und die Wälder ostwärts Saaralben, zieht sie sich auf und an den Höhen südlich des Moderbaches und des Hostebaches entlang, biegt dann ab auf den Langenbach und folgt dem Lauf des Deutschen Nied bis Tetingen.
Als Sperrfront erhielt der Abschnitt zunächst nur leichten bis mittelstarken Ausbau. Einen Ausgleich bildeten indes die Gunst des Geländes und die Anordnung mehrerer voneinander abgesetzter Linien, die mit dem Einschluß des Vorfeldes eine Gesamttiefe bis zu 25 km ergaben.

Befestigtes Gebiet von Metz
Befestigte Abschnitte: Faulquemont, Boulay, Thionville und Crusnes.

Aufgabe: Zurückweisung eines Einbruches beiderseits der Mosel über Metz in das Marnetal, wobei die Festung Metz den Rückhalt bildet. Schutz der Erz- und Industriegebiete in Lothringen und des Beckens von Briey.
Das Gebiet ist das wichtigste Kernstück der gesamten französischen Ostbefestigung, unter geschickter Ausnutzung der bis zu 400 m ansteigenden Höhen am stärksten ausgebaut.
Der bei Tetingen an den Deutschen Nied beginnende rund 400 km lange Abschnitt wird durch Nied und Mosel in drei natürliche Teile zerlegt.
Zwischen Nied und Mosel ist die Großgruppe Hackenberg der westliche Stützpunkt der Rhein-Moselfront.
Westlich der Mosel breiten sich im Raum Briey-Longwy die größten Erzlager Europas aus. Ihren Schutz übernehmen die Werkgruppen zwischen Mosel und Longuyon.
Das befestigte Gebiet von Metz weist bei Werkgruppen und größtenteils auch bei den Zwischenwerken schweren Ausbau auf. Wie dicht hier die Linie der Befestigung ist, geht daraus hervor, daß auf etwa 3,5 km Front eine Werkgruppe und auf je einen Kilometer ein Zwischenwerk kommt.

Werke im Befestigten Abschnitt von Faulquemont:
Kleine Werkgruppe Teting, Kleine Werkgruppe Laudrefang, Verstärktes Zwischenwerk Einseling, Kleine Werkgruppe Bambesch, Kleine Werkgruppe Kerfent;

Werke im Befestigten Abschnitt von Boulay:
Kleine Werkgruppe Mottenberg, Kleine Werkgruppe Coume Süd, Kleine Werkgruppe Coume annexe, Verstärktes Zwischenwerk Coume Nord, Kleine Werkgruppe Coume, Kleine Werkgruppe Denting, Kleine Werkgruppe Bovenberg, Kleine Werkgruppe Berenbach, Werkgruppe Anzeling, Kleine Werkgruppe Bousse, Kleine Werkgruppe Hobling, Werkgruppe Michelsberg, Werkgruppe Mont des Welches, Kleine Werkgruppe Coucou, Großgruppe Hackenberg;

Werke im Befestigten Abschnitt von Thionville:
Werkgruppe Billig, Werkgruppe Metrich, Verstärktes Zwischenwerk Sentzig, Werkgruppe Galgenberg, Verstärktes Zwischenwerk Oberheid, Werk-

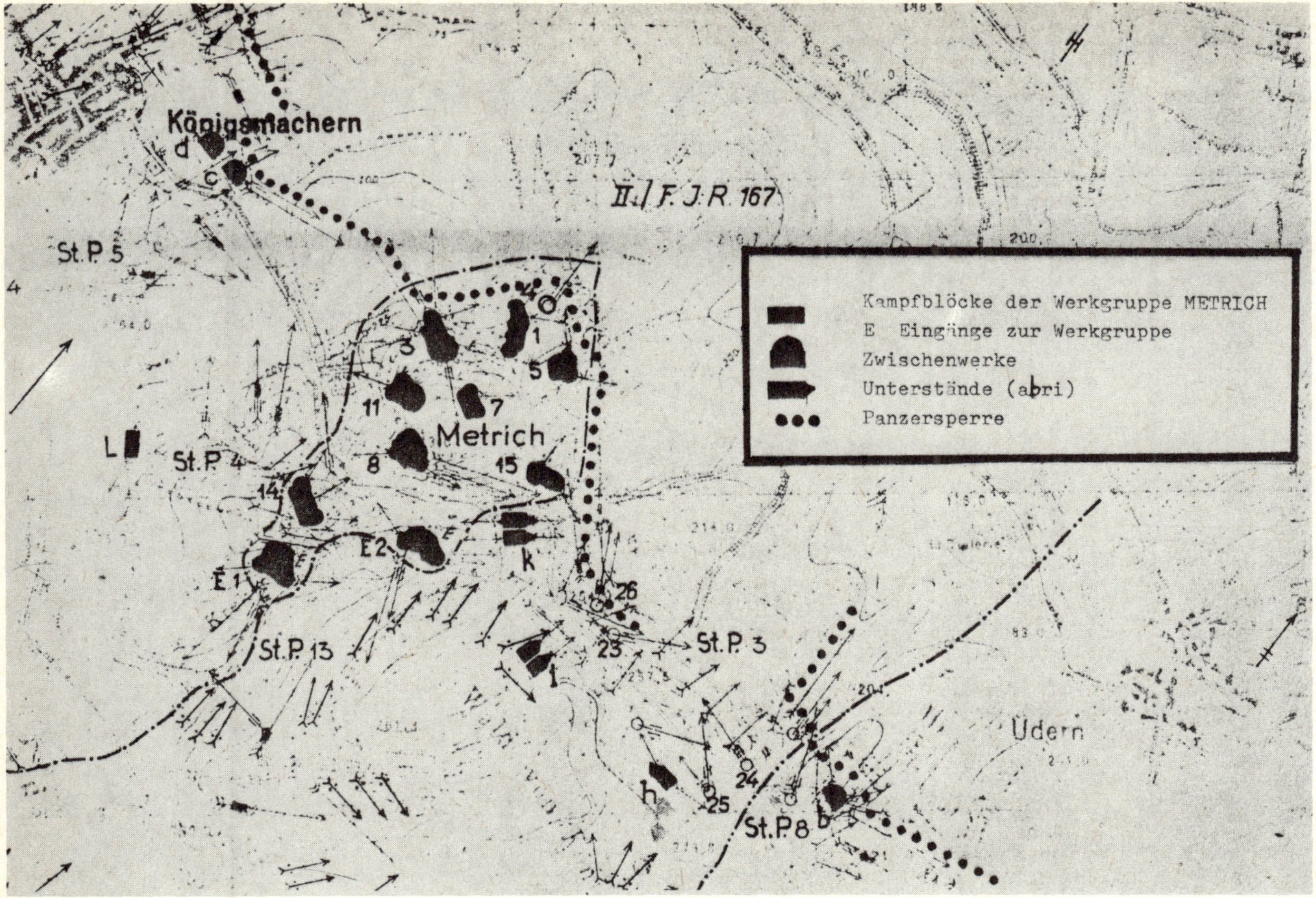

Königsmachern
d
c
II./F.J.R. 167
St.P. 5
L
St.P. 4
Metrich
3
1
5
11
7
8
15
14
E2
E1
k
26
St.P. 13
23
St.P. 3
i
h
25
24
St.P. 8
b
Üdern
Kampfblöcke der Werkgruppe METRICH
E Eingänge zur Werkgruppe
Zwischenwerke
Unterstände (abri)
Panzersperre

gruppe Kobenbusch, Verstärktes Zwischenwerk Bois Karre, Werkgruppe Soetrich, Kleine Werkgruppe Immerhof, Werkgruppe Molvange, Werkgruppe Rochonvillers;

Werke im Befestigten Abschnitt von Crusnes:
Kleine Werkgruppe Aumetz, Werkgruppe Brehain, Verstärktes Zwischenwerk Bois du Four, Kleine Werkgruppe Mauvais Bois, Werkgruppe Latiremont, Werkgruppe Fermont, Kleine Werkgruppe Chappy.

Französisch-belgische Grenze

Mochten die Befestigungen an dieser Grenze im Vergleich zu anderen Abschnitten auch nicht stark und stellenweise noch in unfertigem Zustand sein, so waren sie doch imstande, einen festen Rahmen für ein vorbereitetes Kampffeld abzugeben. Zumindestens besaßen sie die Stärke einer gut ausgebauten Feldstellung.
Taktisch gliedern sich die Befestigungen in die drei befestigten Abschnitte Montmédy, Maubeuge, Schelde und die beiden Sperrabschnitte Ardennen und Flandern. Vielfach bezeichnet man diese Verlängerung der Maginot-Linie von Longuyon bis zur Kanalküste als Daladier-Linie.

Befestigter Abschnitt Montmédy

Aufgabe: Schutz gegen einen Angriff aus dem Südzipfel Belgiens heraus und Schutz der Nordwestflanke des befestigten Metzer Gebiets. Die Stellung, die den stark eingeschnittenen Teil der Chiers als Hindernis ausnützt, besteht in ihrem ostwärtigen Teil aus einer zusammenhängenden Linie mittelgroßer und kleiner Werke sowie leichter Schartenstände. Vor den Brückenkopf Montmédy schieben sich drei Werkgruppen und mehrere Einzelbauten in schwerem Ausbau über die Chiers näher an die Grenze heran. Das Werk La Ferté, in deutschen Angaben meist als 505 bezeichnet, sperrt das breite Chierstal mit seinen Straßen und ist die letzte große Befestigung bis zur Küste.
Werke im Befestigten Abschnitt Montmédy:
Werkgruppe Velosnes, KW Thonnelle, Werkgruppe Chesnois, Kleine Werkgruppe La Ferté (505).

Ausbaustufen der Maginot-Linie

Sie gliedert sich in drei Stufen auf:

Splittersicher:	Widerstandsfähig gegen Geschosse und Splitter mittlerer Artilleriegeschosse.
Schußsicher:	Widerstandsfähig gegen Einzeltreffer bis 21 cm.
Bombensicher:	Widerstandsfähig gegen Treffer der schwersten Artilleriegeschosse und Bomben.

Baustärke	Decken, Frontwände	Rückwände	Innenwände	Panzerbauteile
Splitters.	bis 1,5 m	bis 1,0 m	0,15–1,0 m	ab 0,05 mm
Schußsicher	1,5–2,75 m	1,0–1,5 m	0,15–1,0 m	0,2 mm
Bombensicher	2,73–3,5 m	1,5–3,5 m	0,15–1,0 m	0,3–0,4 mm

Armierung:	vorherrschende Flächenbewehrung, Rundeisen 10 und 20 mm Durchmesser, senkrechte Eisen nur an Außen- und Innenseiten der Wände. Innen rautenförmiges Rundeisengewebe als Abplatzschutz, bei Kampfräumen auch Stahlblech.
Beton:	Für 1 m^3 fertigen Beton waren vorgesehen: 400 kg hochwertiger Zement 600 Ltr Kies mit Korngrößen von 40–60 mm 300 Ltr. Kies mit Korngröße von 10–40 mm 300 Ltr. Sand mit Korngröße von 10 mm geforderte Druckfestigkeit 315 kg/cm^2 nach 7 Tagen geforderte Druckfestigkeit 400 kg/cm^2 nach 28 Tagen

Kleinkampfanlagen (MG- und Pak-Stände)

Die Bauart der Kleinkampfanlagen ist nicht an Regeln gebunden, wie die Mannigfaltigkeit der bestehenden Bauten beweist. Mit der Lage im Gelände, dem taktischen Zweck und dem benutzten Baustoff wechselt auch die Stärke.

Kleinkampfanlagen sind reine Kampfstände (abris de tir) mit einem oder mehreren Kampfräumen. Es handelt sich dabei um MG- und Pak-Stände mit Flanken- oder Frontalscharten. Wand- und Deckenstärken bis 1,50 m. Bereitschafts- und Ruheräume sind nicht vorhanden.

Gemeinsame Kennzeichen sämtlicher Anlagen sind der fehlende Gasschutz, die dürftige Wohnlichkeit und die geringe, oft fehlende Ausstattung mit Panzerbauteilen.

Die Raumaufteilung ist einfacher Art; meist nur ein Innenraum; Eingänge vielfach ohne äußere Türen; innere Türen fehlen vollständig.

Ein Teil der Anlagen hatte Anschluß an das Festungssprechnetz; meist durch Feldkabel.

Nach Lage und Aufgabe im Gelände sind die Kleinkampfanlagen zu unterscheiden in:

Anlagen an der Grenze in Verbindung mit *Grenzwachthäusern* und als Stützpunkte der Vorposten an Straßen in Verbindung mit Straßensperren: Schlagschranken, Drehschranken, Zerstörungseinrichtungen. Sie besitzen vorwiegend mehrere MG-Scharten, frontal und flankierend, 25 mm bis 30 mm starke Schartenverkleidungen mit Dreh- und Schieberverschluß und Handgranatenschleuder mit Gleitrinne.

Anlagen vor der HKL zur Überwachung des Vorfelds und Bildung einer Widerstandslinie, bisweilen in Verbindung mit Blockhäusern, Beobachtungsständen, Ortschaften, Wäldern, Wasserläufen, Stauanlagen, Dämmen und Straßen.

Als Stände für die Gefechtsvorposten sind meistens mehrere Scharten vorhanden. Die Waffen sind hierbei sowohl flankierend als auch frontal eingesetzt.

Sie sind von einer Infanterie-, oft auch von einer Panzerwagensperre umgeben.

Bewaffnung: Truppen MG, Truppen Pak 25 mm und alte Marine-Kanonen 4,7 cm. Letztere jedoch selten.

Kleinkampfanlagen/Betonkuppeln

Diese Betonkuppeln von 0,3 bis 0,6 m Wandstärken, oft mit Stahlblecheinlage, mit kurzem Hohlgang, zudem je nach Gefährdung mit ein bis zwei Eingängen verschiedener Art. Diese Betonkuppeln haben eine oder mehrere breite und niedrige Scharten.

Betonkuppel mit einer Scharte an der Rheinfront ▶

Betonkuppel mit drei Scharten in der Gegend von Cattenom

Kleinkampfanlagen

Als Blockhäuser bezeichnet der Franzose meistens die größeren Kasematten und Schartenstände in Vorpostenstellung, ferner die Zwischenwerke in der HKL bei mittlerem Ausbau und schließlich die Kleinkampfanlagen, die im Zusammenhang mit Hindernissen und Sperren stehen.
Die Kasematte ist im allgemeinen eine Kampfanlage mit hauptsächlich flankierender Feuerwirkung.
Der Schartenstand hat nur frontale Feuerwirkung.
Das Blockhaus ist meistens eingeschossig, splitter- bis schußsicher. Es sind weder Ruheräume noch eigene Maschinenanlagen vorhanden.

Bewaffnung:	25 mm oder 47 mm Pak auf Feldlafette und sMG
Nahverteidigung:	1 MG in Panzerglocke oder hinter Mauerscharten
Gasschutz:	Räume sind nur teilweise gasdicht
Nachrichten-übermittlung:	Eine mit dem Erdkabelnetz verbundene Zentrale ermöglicht Verbindung mit den Nachbartruppen
Beleuchtung:	Teilweise durch Strom, aber vorwiegend mit Petroleumlampen und Kerzenlampen
Besatzung:	In den einfachen Anlagen 16 Mann, in den größeren 32 Mann

Kampfanlage mit einseitiger Flankierung durch Pak und MG ohne Panzerglocke, von den Franzosen als Blockhaus B bezeichnet, kommt in allen Abschnitten vor. Hier in der Gegend von Hatten.

Zwischenwerke (Kasematten/ Doppelkasematten):

Zwischenwerke (casemates) sind selbständige Kampfanlagen, deren Hauptstärke im Flankenfeuer besteht. Vorherrschend sind es Bauwerke mit Flankierungsanlagen nach beiden Seiten (casemates doubles). Ausbaustufe ist schußsicher.

Wo das Gelände dazu zwingt, z. B. beim Zurückspringen der Widerstandslinie von einer Kammlinie zur Hinterhangstellung, sind solche Zwischenwerke in zwei Halbwerke (casemates simples) aufgelöst, deren Flankierungsanlagen je nach einer Seite wirken.

Am häufigsten und in allen befestigten Abschnitten ist die zweigeschossige Kasematte anzutreffen. Die einstöckige Ausführung findet man in Abschnitten mit hohem Grundwasserstand (Rheinfront). Die dreistöckige Anordnung ist selten.

Die Flankierungsanlagen bestehen durchwegs aus zwei Panzerscharten, die hinter vorspringenden Mauern gut verdeckt sind. Eine Scharte nimmt ein Zwillings-MG, die andere eine Pak 47 mm oder 37 mm auf, die gegen ein Zw.MG rasch ausgewechselt werden konnte. Die Schartenöffnung wird durch ein Panzerbauteil völlig verschlosen.

Auf der Bauwerksdecke befinden sich nach den taktischen Erfordernissen eine oder mehrere Panzerglocken mit drei bis fünf Scharten für Beobachtung und Rundumverteidigung. Aus den Scharten kann mit rasch auswechselbarem lMG und Granatwerfer (50 mm) gefeuert werden.

Ein Teil der Werke hat außerdem eine Einschartenpanzerglocke mit Zw.MG, welche – deckengleich angeordnet – leicht zu tarnen und daher schwer zu erkennen ist.

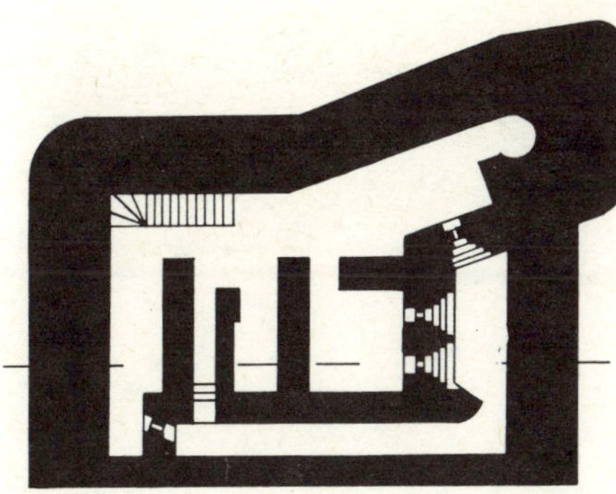

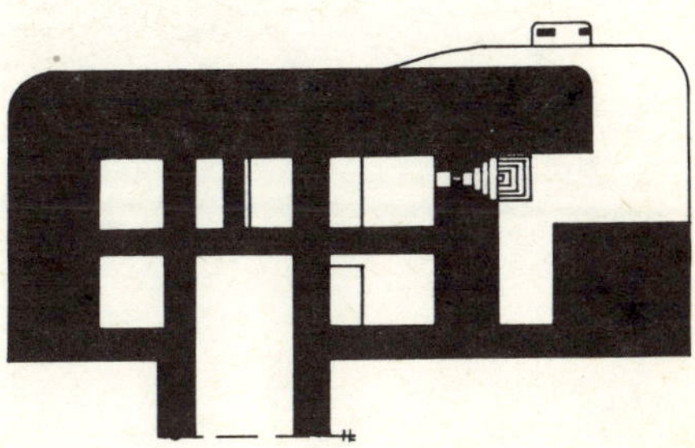

In den Bauten der letzten Jahre befindet sich ein mit einer 25 mm Pak zusammengekoppeltes Zw.MG in einer festen Panzerglocke (armes mixtes) oder hinter einer Mauerscharte. Vereinzelt sind 81 mm Granatwerfer in den unteren Stockwerken eingebaut.
Eingänge und Scharten sind durch einen drei Meter tiefen und 1,5 m breiten Graben (Diamantgraben) geschützt.

Kasematte für Zwillings-MG und 47 mm Pak in Wechselscharte, sehr selten die Dreischarten-Panzerglocke mit höhenversetzten Scharten, rechts der Eingang mit Eingangsverteidigungsscharte (Zwischenkasematte).
Die Aufnahme wurde in der Gegend von Rohrbach gemacht

Kleine Werkgruppen (KW)

Kleine Werkgruppen (petits ouvrages) bestehen aus zwei bis vier durch Hohlgänge verbundene Infanterie-Kampfblöcke unter einheitlicher Befehlsführung. Der Eingangsblock ist als Kampfblock mit Flankierungsanlage eingerichtet. Die Ausbaustärke ist bombensicher.
Das Werk 505 bei La Ferté und Chappy besteht aus nur zwei Kampfblöcken.
Die Besatzungstruppe ist mit ihren gesamten Bedürfnissen für den Kampf und die Ruhe in unterirdischen Räumen untergebracht.
Für den Munitionstransport befinden sich in den Hohlgängen meist Feldbahnen mit Rollwagen für Handbetrieb.
Die kleineren Werkgruppen Lembach und Annexe Sud de Coume sind die einzigen KW ohne Panzerversenkturm für Zw.MG.
Besatzung: Bis zu 160 Mann

Kleine Werkgruppe Welschoff

Block 1 Kasematte mit zwei Kampfräumen, links für 47 mm Pak/rechts für 25 mm Pak und Zw.MG/Eingang. Eine Panzerglocke für 25 mm Pak und Zw.MG. Zwei Dreischarten-Panzerglocken mit Kugelblende

Block 2 Panzerversenkturm für Zw.MG und 25 mm Pak (armes mixtes). Eine Vierscharten-Panzerglocke mit Kugelblende. Zwei Luftpanzerhauben

Block 3 Kasematte für 47 mm Pak und Zw.MG/Notausgang. Eine Panzerglocke für 25 mm Pak und Zw.MG. Eine Dreischarten-Panzerglocke mit Kugelblende. Eine Vierscharten-Panzerglocke mit Kugelblende

Zwischen den Blöcken 2 und 3 befindet sich eine Scheinanlage aus Mauersteinen (Ein Panzerversenkturm mit Panzerglocke).
Sie wurde nach dem Durchbruch zwischen Holvingen und Saaralb beim Aufrollen der Front aus westlicher Richtung von rückwärts angegriffen. Ein Angriff am 23. 6. 1940 konnte mit Hilfe des flankierenden Feuerschutzes vom Werk Simmserhof zunächst abgewehrt werden. Dem Artilleriebeschuß mit Panzerkopfgranaten (insgesamt 111 Schuß) konnten die zu schwachen Rückwände nicht standhalten. Ein großer Teil der Besatzung kam ums Leben. Am 24. 6. 1940 ergab sich die Werkgruppe.

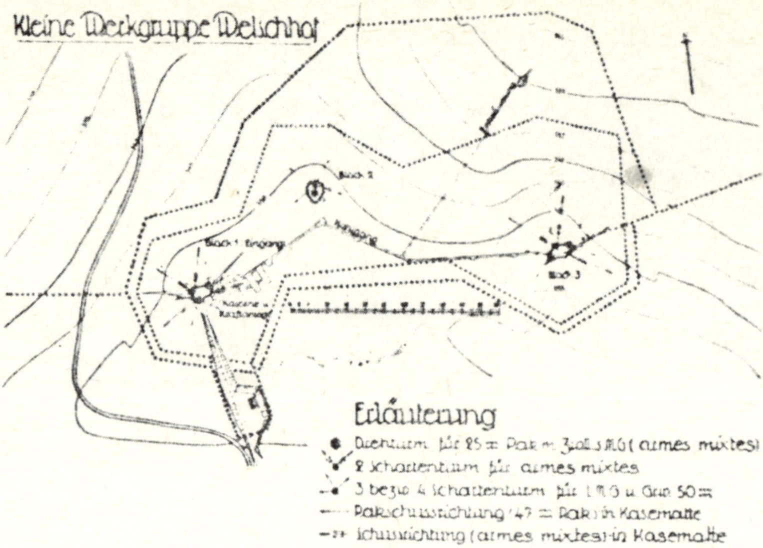

Bild 110 b

Block 1

Block 3

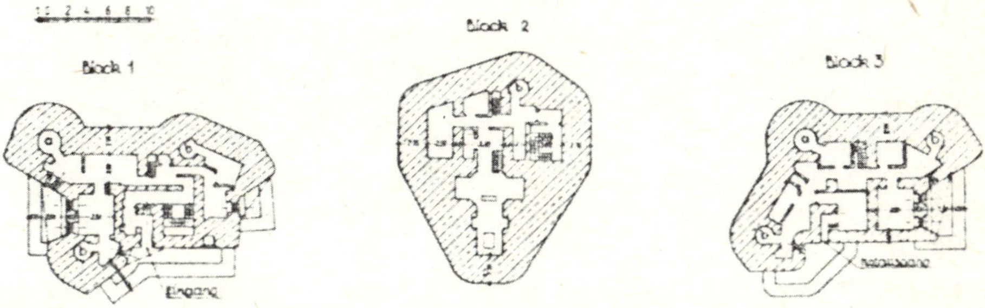

Panzerwerk Schönenburg

Das Panzerwerk Schönenburg gehört zu den größten Anlagen der Maginotlinie. 1928 wurde mit seinem Bau begonnen, 5 Jahre später, im Jahre 1933, wurde es im Rohbau fertig und weitere 3 Jahre später, also im Jahre 1936, in Dienst gestellt.

Übergabe des Werkes und Stärke der Besatzung
Schönenburg wurde nicht von deutschen Truppen im Kampf genommen, es erfolgte auch weder ein Infanterie- noch ein Panzerangriff, sondern nur ein Angriff seites der deutschen Stukas und schwerer deutscher Artillerie. Viele Tage nach Abschluß des Waffenstillstandes wurde Schönenburg vom französischen Kommandanten, und zwar nach dreimaliger Aufforderung seitens der französischen Regierung, der deutschen Einheit übergeben.
Die Stärke der Besatzung betrug 10 Offiziere und 500 Mann. Der Kommandant stand im Rang eines Majors.

Aufteilung und Kraftquellen
Aufgeteilt ist das Werk in acht selbständig kampffähige Blocks, die jeder für sich eigene Wasser- und Stromversorgung sowie Entlüftungsanlage, Munitions- und Lebensmittellager etc. besitzen. Ferner gehören zum Werk große Maschinenanlagen, Kasernen und Lagerräume, welche 30 Meter unter der Erde liegen und unter sich durch unterirdische Gänge miteinander verbunden sind. Allein der Hauptgang weist eine Länge von rund 2 km auf. Der Verkehr auf ihm wird durch eine elektrische Schmalspurbahn, aber auch durch Motor und Fahrräder aufrechterhalten. Für den Verkehr von der unteren Sohle zu den dicht an der Erdoberfläche liegenden Kampfständen stehen 7 Personen- und Munitions- und Materialaufzüge, ferner 8 Treppenhäuser zur Verfügung. Der Beleuchtung dienen rund 2000 ständig brennende Lampen. Steht das Werk im Kampf und laufen alle Maschinen, so werden pro Tag ca. 1500 Kilowatt Strom benötigt, das entspricht dem Stromverbrauch einer mittleren Stadt.
3 Überlandzentralen, und zwar die großen Elektrizitätswerke in Straßburg, Kembs und Paris, waren die Lieferanten des Stromes, der in einer Spannung von 22000 Volt durch 8 Meter unter der Erde liegendes Spezialkabel zum Werk geleitet und dort durch mehrere Umformerstationen auf 3000, 600, 440, 200 und 110 Volt je nach Bedarf umgeformt wurde. Für den Fall, daß durch Kampfhandlungen diese drei äußeren Kraftquellen ausgeschaltet werden, besitzt das Werk 4 schwere Dieselmotoren, von denen jeder einzelne in der Lage ist, das Werk ausreichend mit Strom zu versorgen.

Praktisch ist es also kaum vorstellbar, daß Schönenburg wegen Strommangels außer Gefecht gesetzt werden kann, zumal bei der Übergabe Roh- und Schmieröle für ein ganzes Jahr vorgefunden wurden.

Wasserversorgung und Entwässerung
Die verfügbare Wassermenge wird in der Hauptsache mittels Kreiselpumpe einer 100 Meter tiefer liegenden Quelle entnommen. Sie reicht aber nur bei sparsamem Verbrauch aus. Deshalb wurde innerhalb des Werkes nach einer zweiten Quelle gebohrt und diese auch gefunden. Zum Ausbau einer zweiten Pumpenanlage kam es jedoch nicht mehr, weil inzwischen der Krieg ausbrach.
Eine Frage, die in Schönenburg verhältnismäßig leicht zu lösen war, war die Frage der Entwässerung. Die Abwässer werden in Rinnen aufgefangen, durch Rohrleitungen dann zur tiefsten Stelle des Werkes gebracht und von dort in einen 300 Meter langen, mannshohen Kanal geleitet, durch den diese Abwässer in natürlichem Gefälle ins Freie, und zwar in das Tal zwischen Hochwald und Schönenburg, ablaufen können.

Lüftungsanlage
Zur Lüftungsanlage ist kurz folgendes zu sagen: Durch starke Ventilatoren wird die Schlecht-Luft aus den gesamten unterirdischen Räumen in die Entlüftungsschächte gesogen und nach oben ausgestoßen. Dadurch dringt automatisch durch andere Luftschächte die Frisch-Luft nach unten. Bei Gasalarm werden, soweit möglich, sämtliche Außenöffnungen hermetisch verschlossen und das ganze Werk unter Überdruck gesetzt, so daß dadurch der Zutritt von Kampfstoff durch die Öffnungen, welche nicht immer dicht verschlossen bleiben können, wie z. B. die Schießscharten und Geschützrohre, verhindert wird.
Im allgemeinen reicht hierzu ein Überdruck von 4 mm. Mit den vorhandenen Maschinen kann aber ein Überdruck bis zu 40 mm erzielt werden.
Ohne die Zuführung von Frischluft würde sich das Werk nicht lange halten können, denn die Menschen darin müßten nach verhältnismäßig kurzer Zeit mangels Sauerstoff ersticken. Man holt also mit Hilfe der Ventilatoren die vergaste Außenluft zunächst in eine riesige Filtrieranlage herunter, reinigt sie dort vollkommen von jeder Kampfstoffbeimischung und stößt die nunmehr entstandene Frischluft in die Gänge und Räume vor, während die gleiche Menge verbrauchter Luft durch Luftschächte nach oben ins Freie gepreßt wird.

Waffentechnische Ausrüstung

Wie bereits eingangs kurz erwähnt, besitzt Schönenburg 8 Kampfblocks, von denen 5 als Infanterieblocks, 2 als Artillerieblocks und einer als Minenwerferblock ausgebaut ist. Bei den Infanterieblocks können je nach der Kampflage die schweren Zwillingsmaschinengewehre zurückgeschlagen; statt dessen wird je ein Marine-Kasemattengeschütz von 4,7 cm Kaliber in die Schießscharte eingeschoben.

Außer den starken Feldbefestigungen, die zum Werk gehören, besteht die Waffenausrüstung des Panzerwerkes insgesamt aus:

36 Maschinengewehren
4 Geschützen, Kaliber 7,5 cm
6 Geschützen, Kaliber 4,7 cm
10 leichteren Granatwerfern
2 schweren Granatwerfern

Für die Beobachtung des Geländes stehen außer den Schießscharten 12 gepanzerte Beobachtungskuppeln zur Verfügung.

Block 2, 3, 4 und 5 sind mit Verschwindtürmen ausgerüstet, die um 65 cm gehoben und gesenkt werden, aber auch gleichzeitig um die eigene Achse gedreht werden können, so daß die Verteidigung nach allen Richtungen hin möglich ist. Die einzelnen Panzerkuppeln besitzen ein Gewicht von rund 1300 Zentnern und eine Stahlpanzerung in einer Stärke von nahezu 50 Zentimetern. Durch genaueste Ausbalancierung mit einem an der Gegenseite eines Hebels angebrachten Gegengewicht läßt sich das Heben und Senken der schweren Kuppeln mit geringfügiger Kraft bewerkstelligen.

Die Wirkung der deutschen Stuka- und Artillerie-Angriffe

Der Bau dieser unterirdischen Festung ist außerordentlich interessant; was aber die Besichtigung noch reizvoller macht, ist, daß man gerade beim Panzerwerk Schönenburg die Wirkung der deutschen Stuka- und Artillerieangriffe sehr gut beobachten kann. So wurde allein im Block 6 durch Bombenvolltreffer eine Bunkerwand eingedrückt, einige Stufen der in Eisen-Beton ausgeführten Innentreppe wurden zerstört und eine Zwischendecke in ihrem Gefüge zerrissen. Es läßt sich daraus erkennen, daß es durch wiederholten Beschuß unserer schweren Artillerie und Bombardierung durch unsere Stukas wohl möglich gewesen wäre, ein Großwerk wie Schönenburg außer Kraft zu setzen.

Die moralische Wirkung war ungeheuer. Ein französischer Hauptmann, Kompanieführer im Werk, soll erklärt haben: Meine Leute, die die deutschen Stuka-Angriffe und Artilleriebeschießungen mitgemacht haben,

konnten nicht mehr zur Beobachtung eingesetzt werden. Die moralische Wirkung der deutschen Waffen ist einfach nicht mehr zu ertragen gewesen. In der ganzen Besatzung des Werkes hat sich eine Panikstimmung gebildet, und niemand war mehr in die Panzerkuppeln zu bringen.
Als wohl besonders bemerkenswert besitzt Schönenburg inmitten des übrigen Trichterfeldes den von einer 42 cm Granate mit Spätzündung hervorgerufenen Einschußschacht von 23 Metern Tiefe. Ob diese Granate in dieser Tiefe explodiert ist oder noch als Blindgänger liegt, konnte bis jetzt nicht festgestellt werden.
Es ist versucht worden, einen kleinen Überblick über die wichtigsten Einrichtungen und Geschehnisse im Panzerwerk Schönenburg zu geben, soweit dies im Rahmen dieses kleinen Berichtes möglich ist. Den Besuchern dieses Panzerwerkes sollen die Ausführungen in späteren Jahren das wieder ins Gedächtnis rufen, was sie hier gesehen haben. Die nachfolgende Planskizze dagegen soll ein ungefähres Bild von der Bauweise und Anlage eines der ehemaligen französischen Festungswerke geben.

Panzerwerk Schönenburg, den 20. 8. 1940

Originalabschrift (vorhanden im IBA-Archiv Kurt Grasser) vom Original, Nürnberg, den 10. 8. 1982

Kostenaufstellung für die Inneneinrichtung (nicht vollständig)

Panzerversenkturm für zwei 81 mm Granatwerfer	88 000 FF
Panzerversenkturm für zwei 75 mm Kanonen (großer Turm)	125 000 FF
Panzerversenkturm für Zwillingmaschinengewehr	155 000 FF
Artilleriegeschütz 75 mm (Modell 33/im Turm)	203 550 FF
Artilleriegeschütz 81 mm (im Turm)	
Zwillings-MG Reibel 7,5 mm	15 000 FF
Ein Geschoß 81 mm	90 FF
Ein Geschoß 75 mm (Typ 1929)	145 FF
Ein Geschoß 47 mm	110 FF
Eine Kugel 7,5 mm (Reibel)	0,8 FF

Werkgruppe Schönenburg

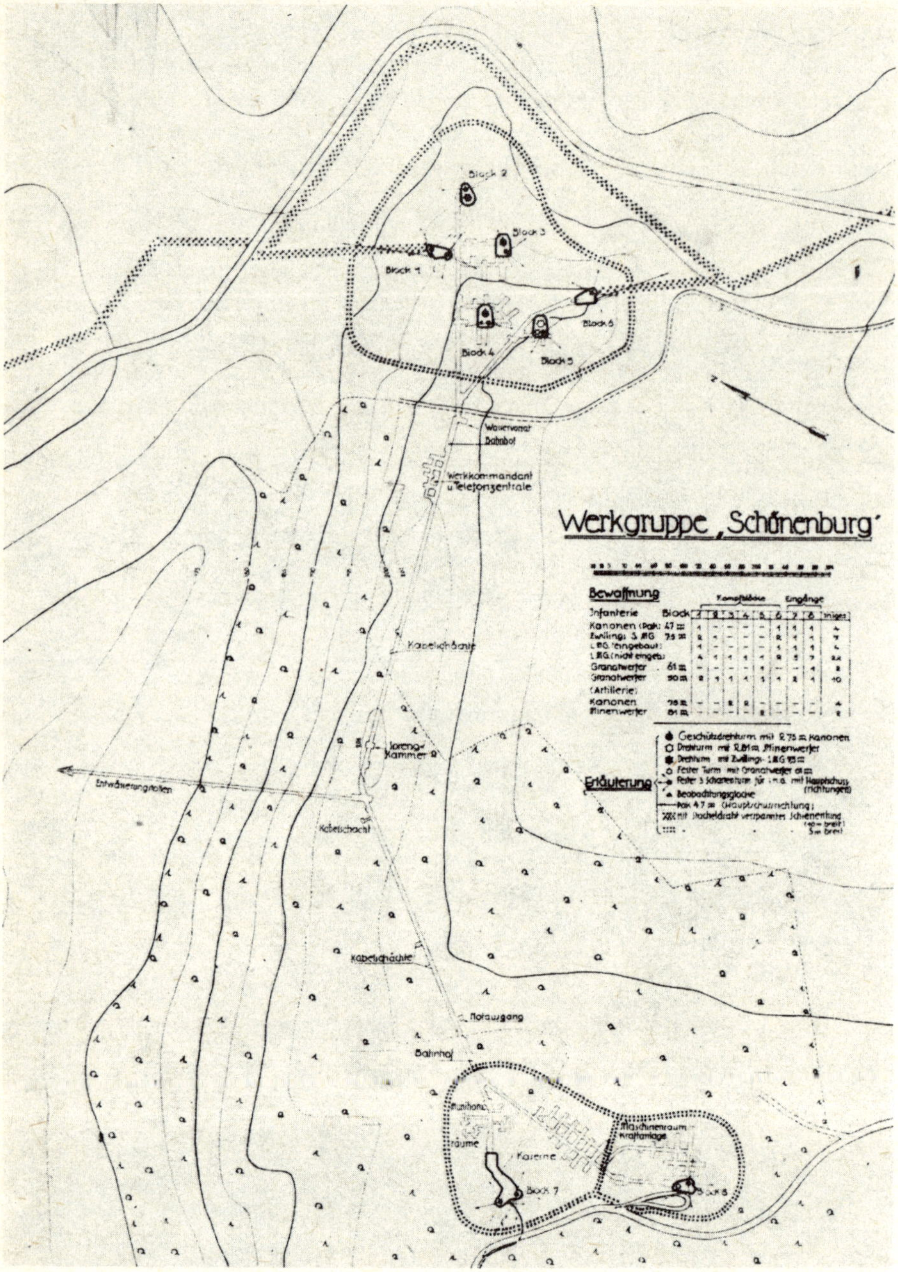

Block 1 Kasematte für 47 mm Pak und Zw.MG
Zwei Dreischarten-Panzerglocken mit Schwenkrahmen/Periskop

Block 2 Panzerversenkturm für Zw.MG
Eine Dreischarten-Panzerglocke mit Schwenkrahmen/Periskop

Block 3 Panzerversenkturm für zwei 75 mm Kanonen (kleiner Turm)
Eine Dreischarten-Panzerglocke mit Schwenkrahmen

Block 4 Panzerversenkturm für zwei 75 mm Kanonen (kleiner Turm)
Eine Artilleriebeobachtungsglocke
Eine Dreischarten-Panzerglocke mit Schwenkrahmen/Periskop

Artilleriekampfblock
Werkgruppe Schönen-
burg
Block 4

Block 5 Panzerversenkturm für zwei 81 mm Granatwerfer
60 mm Granatwerfer
Eine Dreischarten-Panzerglocke mit Schwenkrahmen/Periskop

Block 6 Kasematte für 47 mm Pak und Zw.MG
Eine Dreischarten-Panzerglocke mit Schwenkrahmen/Periskop

Mannschaftseingang Kasematte mit 47 mm Pak und Zw.MG
Zwei Dreischarten-Panzerglocken mit Schwenkrahmen
Ende des Krieges durch eine Explosion zerstört, danach wieder aufgebaut.

Munitionseingang Kasematte für 47 mm Pak und Zw.MG
Zwei Dreischarten-Panzerglocken mit Schwenkrahmen

Großgruppen (GG)

An den wichtigsten Stellen der Rhein-Moselfront, nämlich auf dem Hochwald und dem Hackenberg, sind durch Zusammenfassung von je zwei Werkgruppen Großgruppen geschaffen worden (ensembles). Jede der beiden Großgruppen unterstand dem Befehl eines Kommandanten. Der Zusammenhang einer Großgruppe wird durch unterirdische Hohlgänge und gemeinsame Infanterie- und Kampfwagensperren hergestellt.
Letztere haben im flachen Gelände und beim Verlauf über eine Höhe die Form eines 4,50 m tiefen und 8 bis 20 m breiten Abwehrgrabens. An Vorder- und Hinterhängen wird der Graben durch eine Böschungsmauer ersetzt. Gräben wie Steilhänge werden aus Zwischenwerken, die als Bindeglieder zwischen den zusammenhängenden Werkgruppen liegen, mit MG und Pak flankiert. Für Flachfeuer nicht erreichbare Räume sind durch Granatwerfer erfaßt.
Besatzungsstärke: ca. 800 bis 1200 Mann je Großgruppe

Großgruppe Hackenberg A 19

Die Großgruppe Hackenberg ist mit allem ausgestattet, um eine längere Zeit von der Außenwelt unabhängig zu sein. Eine eigene Stromversorgung mit vier Stromaggregaten von je 380 PS versorgten die Küche, Schmalspurbahn (600 mm/600 V), Munitionsaufzüge, Geschütze und Licht für die Hohlgänge mit dem nötigen Strom. Der Betriebsstoff für die Dieselmotoren, 365 000 Liter, sowie 240 Tonnen Munition und für 30 Tage Verpflegung waren in spezielle Räume eingelagert. Die Besatzung bestand aus 1080 Mann, davon 147 Offiziere und Unteroffiziere; der Werkkommandant hatte den Rang eines Majors. Die Gesamtlänge der Hohlgänge beträgt etwa 10 Kilometer, davon sind ca. 3 Kilometer mit der Werkbahn zu befahren. Diese Hohlgänge verbinden die 14 Kampfblöcke miteinander. Die Großgruppe hat eine Gesamtausdehnung von etwa 160 Hektar. Sie wurde mit einem Kostenaufwand von 170 Millionen FF von 1929 bis 1935 erbaut; bei dem Dorf Veckring auf dem 340 Meter hohen Hackenberg.
Das Werk A 19 unterhält seit 1975 der Amifort Verein, der es auch mit viel Liebe und Zeitaufwand für eine Öffentliche Besichtigung hergerichtet hat! Der Eintritt kostet etwa 10 FF, und die Führung beginnt am Munitionseingang mit einer Dauer von etwa 2½ Stunden. In den Sommermonaten ist das Werk an jedem Samstag und Sonntag zu besichtigen.

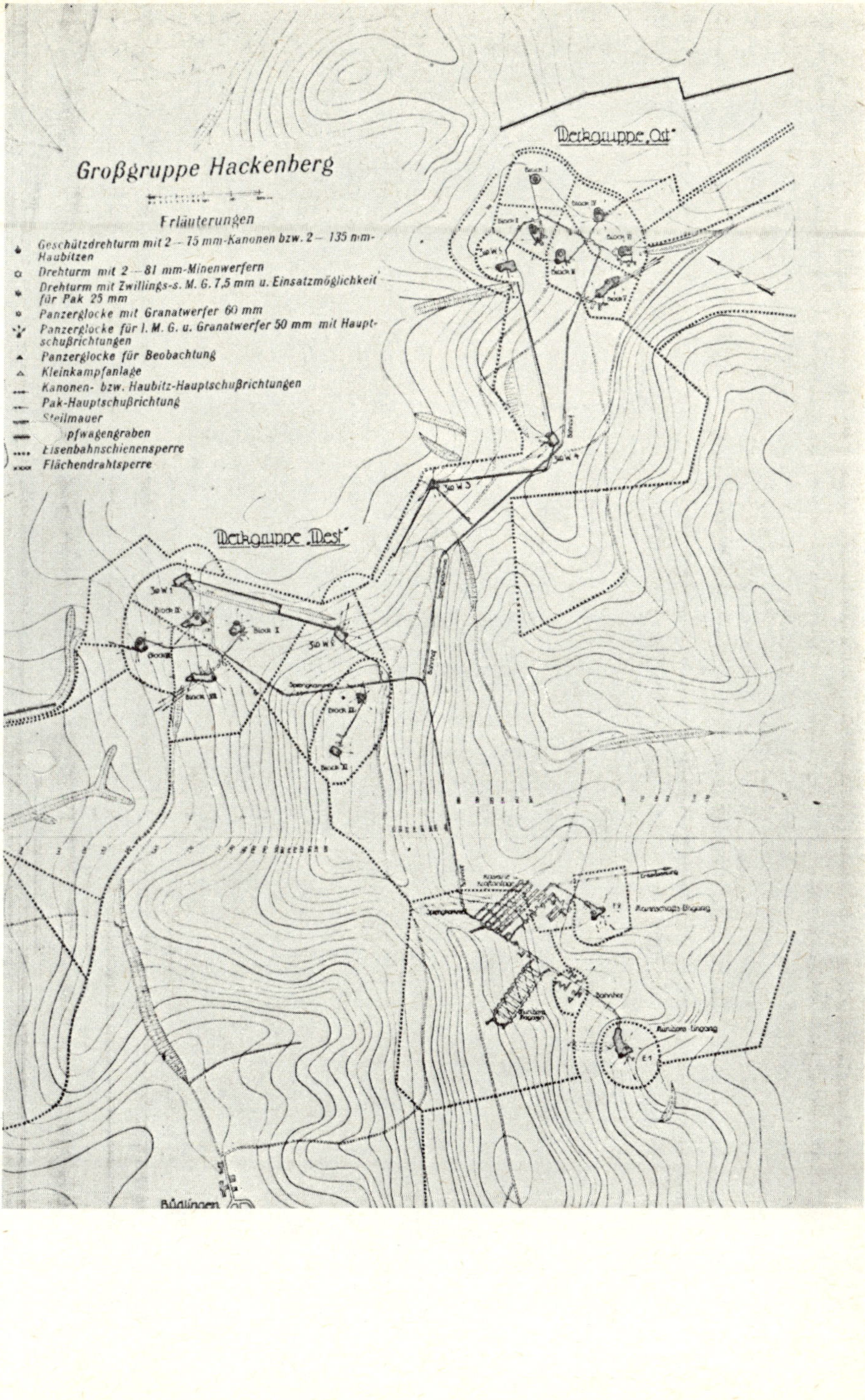
Großgruppe Hackenberg
Erläuterungen
Geschützdrehturm mit 2 – 75 mm-Kanonen bzw. 2 – 135 mm-Haubitzen
Drehturm mit 2 – 81 mm-Minenwerfern
Drehturm mit Zwillings-s. M. G. 7,5 mm u. Einsatzmöglichkeit für Pak 25 mm
Panzerglocke mit Granatwerfer 60 mm
Panzerglocke für l. M. G. u. Granatwerfer 50 mm mit Hauptschußrichtungen
Panzerglocke für Beobachtung
Kleinkampfanlage
Kanonen- bzw. Haubitz-Hauptschußrichtungen
Pak-Hauptschußrichtung
Steilmauer
pfwagengraben
Eisenbahnschienensperre
Flächendrahtsperre
Werkgruppe „Ost"
Werkgruppe „West"

Zu großen Kampfhandlungen um die Großgruppe ist es nicht gekommen. Sie hat ca. 10000 Granaten auf die Vormarschstraßen als Störungsfeuer verschossen.
Eine kleine Broschüre, die am Werk oder bei Fachbuchhandlungen für Wehrkunde unter dem Titel »La Ligne Maginot« von Paul Gamelin zu bekommen ist, informiert über alles Wissenswerte.
Jeder, der sich mit Befestigungsanlagen beschäftigt, sollte sich eine Besichtigung von A 19 nicht entgehen lassen! Es sind auch noch andere Werke zu besichtigen.

Mannschaftseingang
Zwei Dreischarten-Panzerglocken mit Schwenkrahmen
Zwei lMG, zwei 50 mm Granatwerfer
Eine 37 mm Pak, und ein Zw.MG in Wechselscharte
Vier lMG (Eingangsverteidigung) ▶

Munitionseingang
Zwei Dreischarten-Panzerglocken mit Schwenkrahmen
Zwei lMG, zwei 50 mm Granatwerfer
Eine 37 mm Pak, und Zw.MG in Wechselscharte
Fünf lMG (Eingangsverteidigung)

Block 1 Panzerversenkturm für Zw.MG

Block 2 Panzerversenkturm für 75 mm Kanonen (großer Turm)
Zwei Dreischarten-Panzerglocken mit Schwenkrahmen
Zwei lMG, zwei 50 mm Granatwerfer

Block 7 Kasematte für 37 mm Pak und Zw.MG
Panzerversenkturm für Zw.MG und 25 mm Pak
Ein lMG in Scharte
Zwei Dreischarten-Panzerglocken mit Schwenkrahmen
Zwei lMG, zwei 50 mm Granatwerfer
Ein Scheinwerfer

Block 8 Kasematte für drei 75 mm Kanonen
Zwei lMG in Scharten
Zwei Dreischarten-Panzerglocken mit Schwenkrahmen
Zwei lMG, zwei 50 mm Granatwerfer

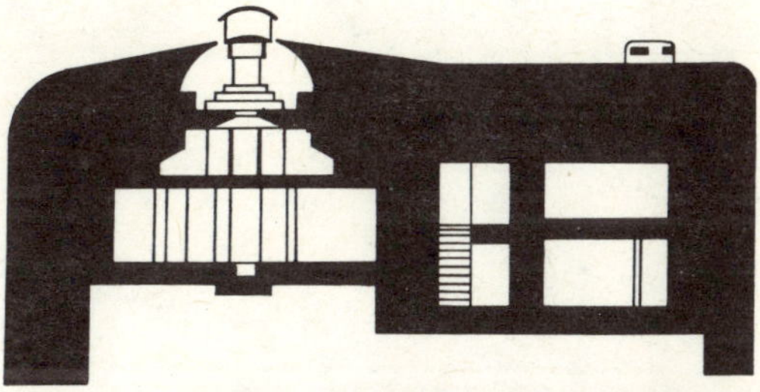

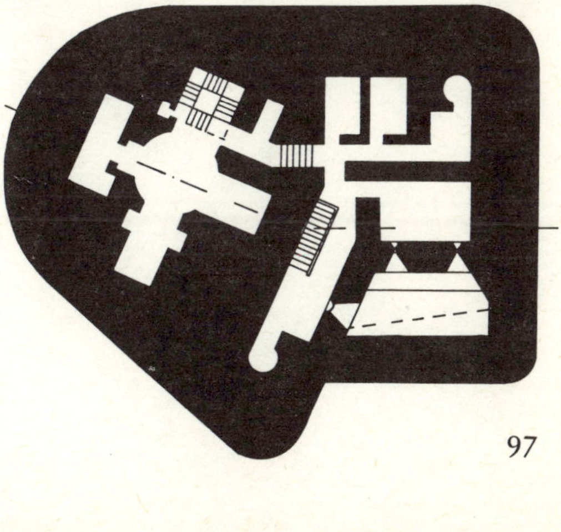

Infanteriekampfblock –
Kasematte mit Panzerversenkturm
Großgruppe Hackenberg Block 7

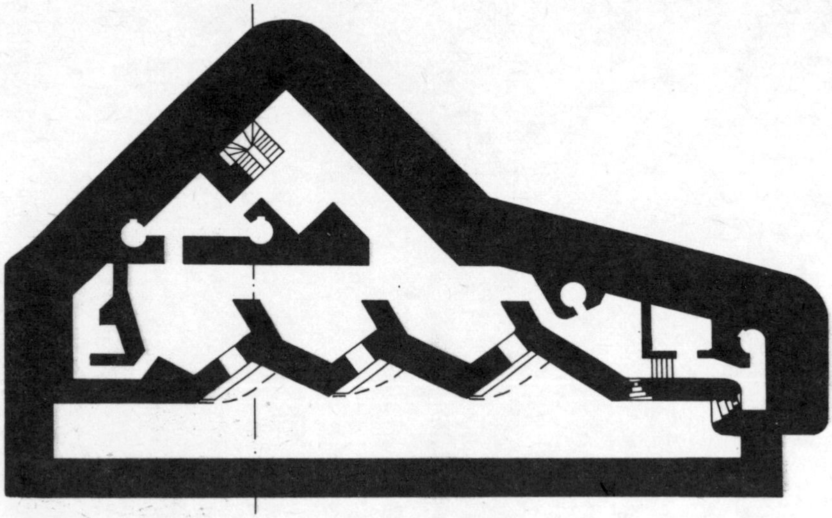

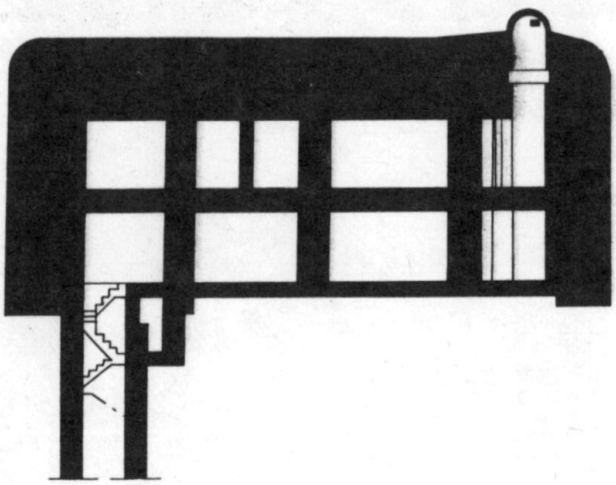

»Hackenberg«
Artilleriekampfblock
– Kasematte – Block 8
Drei 75 mm Kanonen
Zwei 7,5 mm lMG
Eine Vierscharten-Panzerglocke
Eine Dreischarten-Panzerglocke
Eine Panzerglocke für einen 60 mm Granatwerfer
Eine Artilleriebeobachtungsglocke

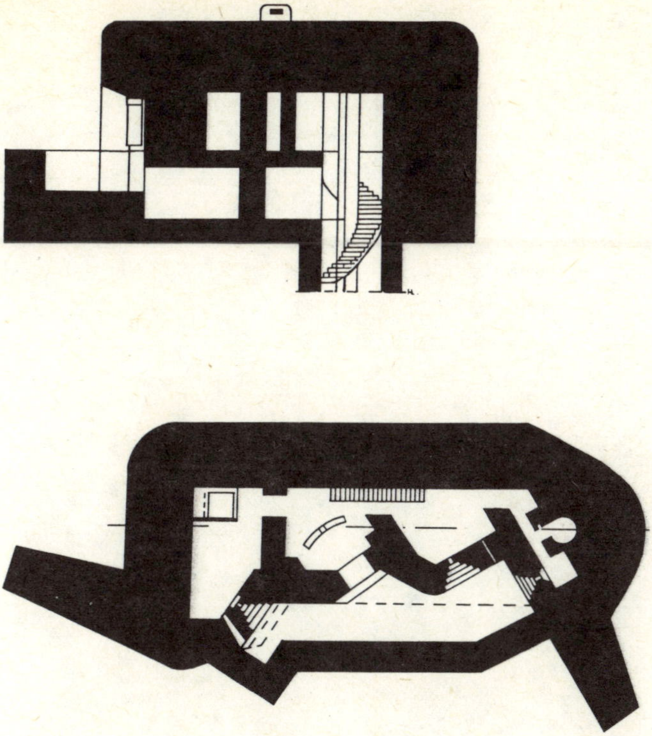

Kasematte als Grabenstreiche, Großgruppe Hackenberg Block 25
Eine 75 mm Kanone
Ein 50 mm Granatwerfer
Ein 7,5 mm Zwillings MG in Mauerscharte
Drei 7,5 mm lMG in Mauerscharten
Eine Dreischarten-Panzerglocke mit Schwenkrahmen
Ein 7,5 mm lMG oder ein 50 mm Granatwerfer

Werkgruppe »Sainte Agnes« in den Alpen

Wie die meisten der im Abschnitt »Alpes Maritimes« vorgefundenen Werke besitzt auch diese Anlage einen Mehrzweckeingang. Wie bei allen Eingangsblöcken dieses Typs in den Alpen kann die Brücke über den Diamantgraben hochgezogen werden. Sie paßt dann genau in die Eingangsöffnung des Bunkers. Unmittelbar neben der Zugbrücke ist eine kleine Tür, die jedoch nicht in die große Eingangshalle, sondern in einen kleineren Nebenraum führt. Ob sich hier der Hebemechanismus für die Brücke befindet, kann nicht gesagt werden. Auffällig an diesem Bauwerk ist, daß sich die Einfahrt nicht in der Bauwerksmitte, sondern an der linken Seite befindet.

Mehrzweckeingang

Rechts neben den beiden Eingängen sind die Mauerscharten für MG angeordnet. Der Eingang macht wie die gesamte Werkgruppe einen sehr gut erhaltenen Eindruck. Die Anlage ist verschlossen und wird laut Angaben von der Armee genutzt.
Ungefähr 20 Meter nördlich des Eingangsblocks ist der Abluftschacht für die Generatoren sichtbar. Der Schacht befindet sich etwa 5 Meter über der Straße und ist durch ein Eisengitter verschlossen. 20 Meter südlich des

Eingangs steht der Hauptkampfblock der Werkgruppe. Block 2 ist artilleristisch so stark bestückt, daß von ihm aus der ganze Hafenbereich des 5 Kilometer Luftlinie entfernten Menton samt dem dazugehörigen Vorfeld mit Feuer belegt werden konnte. Dieser Bunker dürfte das größte Bauwerk an der gesamten Maginot-Linie sein. Er hatte folgende Waffen: 2 Kanonen 135 mm, 2 Kanonen 75 mm und unter den beiden mittleren Mauerscharten 2 81 mm Granatwerfer. Über der rechten 7,5 cm Kanone war eine Mauerscharte für Maschinengewehr. Auf dem Dach des Bunkers stehen 1 Fünf-Scharten-Panzerglocke, 1 Granatwerferglocke und 1 Artilleriebeobachtungsglocke. Ich glaube, daß die feindlichen Soldaten von der Waffenwirkung des Bunkers genauso beeindruckt waren wie wir von seinem bloßen Anblick. An diesem Bauwerk war an Waffen alles vereint worden, von infanteristischen Verteidigungswaffen über Steilfeuergeschütze und mittlerer Artillerie bis zur schweren Artillerie.

Block 2

Werke der Maginot-Linie, die zu besichtigen sind

Zwischenkasematte 35/3 Rheinebene
Die Doppekasematte (Panzerwerk 35/3) liegt bei Marckolsheim an der Straße Straßburg–Neubreisach, der D 468. Im Ort Marckolsheim zweigt die N 424 nach links ab, der zu folgen ist. Das Panzerwerk ist von dieser Kreuzung aus durch Beschilderung leicht zu finden. Es handelt sich um eine Doppelkasematte für zwei 47 mm Pak und vier Zw.MG. Außerdem kann auf dem Freigelände folgendes besichtigt werden:
Ein Sherman-Panzer, ein M 4, und eine 152 mm Kanone, die sowjetischer Herkunft ist.
Ab Mitte März bis Mitte September ist die Kasematte täglich in der Zeit von 9 Uhr bis 12 Uhr und von 14 Uhr bis 18 Uhr zu besichtigen.
In der einen Panzerglocke stecken noch drei Geschosse der 88 mm Flak! Das Museum bietet sehr viel für nur 2 FF Eintrittspreis! Zu sehen sind eine 47 mm Pak, Zw.MG, verschiedene Munition sowie deutsche und französische Waffen.
Das Bürgermeisteramt steht gerne für Auskünfte bereit.

Kleine Werkgruppe Bambesch (deutsche Bezeichnung Nr. 230)
Sie besteht aus zwei Kasematten für 47 mm Pak und Zw.MG sowie einen Panzerversenkturm für Zw.MG.
In den Sommermonaten ist sie jeden zweiten Sonntag im Monat zu besichtigen. Leider ist das Fotographieren im Werk nicht gestattet!
Das Werk Bambesch wurde am 20. 5. 1940 von der 167. ID von rückwärts angegriffen. Als der Angriff scheiterte, wurde die 88 mm Flak vorgezogen. Diese beschoß den Block 2. Es sollte erreicht werden, daß die Flak ein Loch in die Kasematte schoß. Bevor dies erreicht wurde, ergab sich aber die Besatzung. Der Dauerbeschuß konnte nicht verkraftet werden. Heute ist der Block 2 noch so erhalten. Die Panzerglocke weist etliche 88 mm Flaktreffer auf.
Zu erreichen ist die Werkgruppe Bambesch auf der Autobahn Saarbrücken–Metz. Bei St. Avold wird die Autobahn verlassen. Auf der N 3 St. Avold–Longeville les St. Avold kommt man nach Zimming. Hier geht es links nach Bambiderstroff. Ab Zimming ist aber der Weg zur Werkgruppe beschildert. Auf dem Waldweg sind ein Pakstand sowie zwei Artilleriebeobachter unter Panzer zu sehen!

Beschußschäden am Block 2

Werkgruppe Fermont

Das Werk ist zu erreichen von Longuyon auf der D 17a nach Fermont. Ab der Straßenkreuzung D 17a–D 174 ist der Weg zum Munitionseingang beschildert. Von hier aus sind die Kampfblöcke bereits zu sehen. Zu besichtigen ist das Werk jeden Tag in den Sommermonaten von 9 Uhr bis 18 Uhr. Der Preis beträgt 10 FF. Seit neuestem darf im Werk nicht mehr fotografiert werden. Im Munitionseingang stehen eine 88 m Flak (nicht mehr ganz komplett) und eine 75 mm Pak.

Die Werkgruppe wurde am 21. 6. 1940 von der 161 Inf. Div. angegriffen sowie mit 21 cm und 30,5 cm Mörser beschossen. Ein Volltreffer vom 30,5 cm Mörser blieb aber für den Panzerversenkturm ohne Wirkung. Der Angriff wurde aber wegen Fehlens der Sprengmittel eingestellt. Der Waffenstillstand verhinderte alsdann weitere Kampfhandlungen!

Block 5 Panzerversenkturm für 2 × 81 mm Granatwerfer

Kleine Werkgruppe »La Ferté«

Das Panzerwerk 505 ist zu erreichen von Montmédy aus auf der N 381 über Thonnelle, Montlibert nach Margut. Eine kurze Bemerkung, rechts dieser Straße liegen weitere Zwischenkasematten der Maginot-Linie. Von Margut aus geht es weiter auf der D 44 nach La Ferté sur Chiers. Am Ortsende von La Ferté wechselt man auf die D 52 in Richtung Villy. Auf der Höhe 216 befindet sich das Werk.

Geöffnet ist das Werk nur in den Sommermonaten jeden zweiten Sonntag. Auskünfte erteilt das Bürgermeisteramt La Ferté.

Block 2

Infanteriewaffen

Leichtes Maschinengewehr

Bezeichnung:	lMG 7,5 mm mitrailleuse Mle 31
Eingesetzt:	In Panzerversenktürme und Mauerscharten als Zwillingswaffe
Reichweite:	3000 m

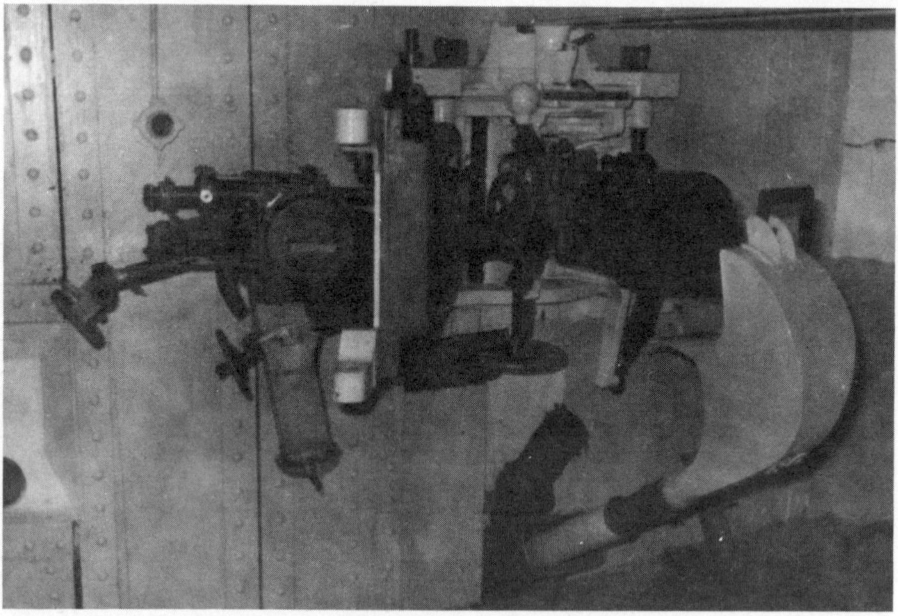

lMG in Mauerwechselscharte, MG links; in der Scharte eine 47 mm Pak
»Simserhof«

Leichtes Maschinengewehr

Bezeichnung:	lMG 7,5 mm fusil mitrailleur Mle 24/29
Eingesetzt:	In Einschartentürmen und Mauerscharten als Einzel- und Zwillingswaffe
Reichweite:	Bis zu 1200 m

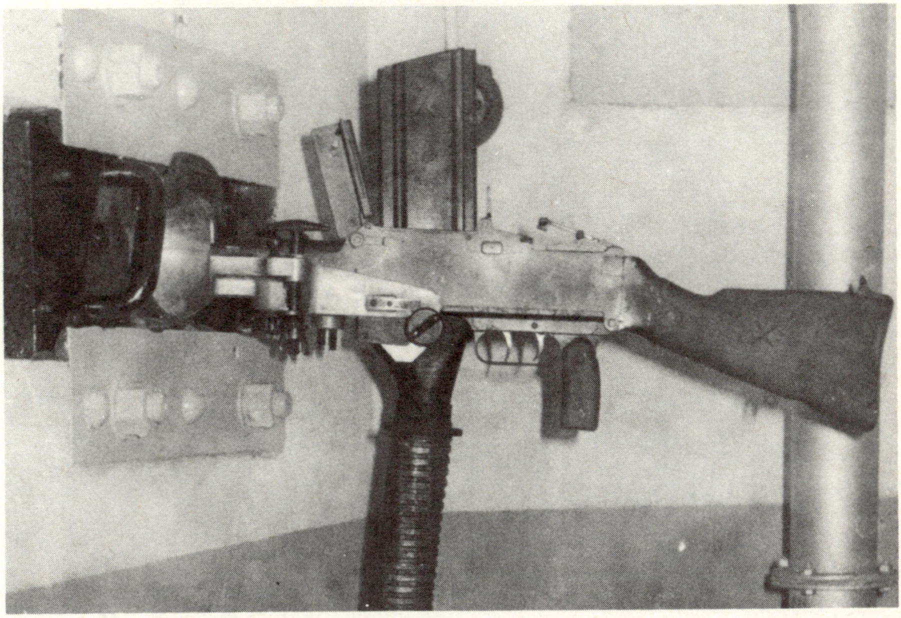

Mle 24/29 in Mauerscharte Eingangsverteidigung »Werk Simserhof«

Panzerabwehrkanone

Bezeichnung:	Canon de 37/47 mm
Eingesetzt:	In Mauerscharten auswechselbar gegen ein Zwillings-MG
Reichweite:	6800 m

Artilleriewaffen

75 mm Kanonen

Bezeichnung:	materiel Mle 1929/32/33 de casemate
Eingesetzt:	In Mauerscharten der Kasematten
Reichweite:	12000 m
	Kasematt-Kanone

Bezeichnung:	materiel de mortier de 75 Mle 1931 de casemate
Eingesetzt:	In Mauerscharten
Reichweite:	6000 m
	Kasematt-Haubitze
Bezeichnung:	materiel de 75 R Mle 1932 de casemate
Eingesetzt:	In Mauerscharten
Reichweite:	9500 m
	Kasematt-Kanone verkürzt
Bezeichnung:	masse oscillante double de 75 Mle 1932 de tourelle
Eingesetzt:	Als Zwillingswaffe in den Panzerversenktürmen
Reichweite:	11000 m
	Turm-Kanone
Bezeichnung:	materiel de 75 R Mle 1932 de casemate
Eingesetzt:	In Panzerversenktürmen als Zwillingswaffe
Reichweite:	9500 m
	Kasematt-Kanone verkürzt

81 mm Granatwerfer

Diese Aufnahme zeigt einen von zwei 81 mm Granatwerfern im Untergeschoß einer Kasematte (Werkgruppe Metrich)

Block 15

135 mm Haubitze

Bezeichnung:	materiel de 135 Mle 32 de casemate
Eingesetzt:	in Mauerscharten und in den Panzerversenktürmen als Zwillingswaffe
Reichweite:	5700 m

▶

135 Mle hinter Mauerscharte
Hackenberg Block 9

135 Mle 32 im Panzerversenkturm

Panzerglocken

Die Panzerglocken haben 3 bis 5 Scharten mit einem Seitenschußfeld von je 72°. Die Schartenausführungen bestehen aus Schwenkrahmen oder Kugelblenden. Außer der Beobachtung dienen sie der Verteidigung der Werkoberfläche. Das lMG kann durch einen 50 mm Granatwerfer ersetzt werden. Die meisten Panzerglocken sind mit einem Periskop ausgerüstet. Die Plattform im Innern der Glocke ist beweglich und kann oben durch ein Handrad, unten durch eine Kette bedient werden. Sie bildet den Fußboden des Kampfraumes. Ihre Beweglichkeit gestattet der Glockenbesatzung die bequemste Einstellung nach Körpergröße und die Abschleusung von Verletzten.

Panzerglocken unterscheiden sich in der Stärke ihrer Wandung nach:

Splittersicher	bis herab auf 5 mm
Schußsicher	20 cm stark
Bombensicher	30–40 cm stark

Fußboden einer Panzerglocke

Einschartenturm mit Zw.MG (Fermont)

Einschartenturm mit arme mixte

Der Schacht der Panzerglocke ist mit einer gasdichten Türe verschlossen. Alle eingebauten Panzerglocken sind meist erst nach dem Betonieren der Bauwerksdecke und ohne besondere Verankerung eingesetzt. Die hierfür vorgesehenen Aussparungen wurden nachträglich vergossen. Diese Einbauweise hat eine mangelhafte Verbindung zwischen Beton und Panzerglocke zur Folge, die zur Freilegung bis zu dem Unterring durch Beschuß führte. Einschartentürme enthalten nur eine Scharte für das Zwillings-MG und machen die Bestreichung eines Schußfeldes von 45° in der Waagrechten möglich. Außerdem sind unabhängig von der Waffe Beobachtungsfenster vorhanden.
Bewegliche Plattform, Munitionsaufzug.
Vereinzelt kam auch die Lafette für 25 mm Pak und Zw.MG in diesen Einschartentürmen zum Einsatz (arme mixte).

Maschinenräume

Die Maschinenräume sind zum Teil sehr geräumig, die Wände sind gefliest, so daß die gesamte Anlage übersichtlich und sauber erscheint. Die Maschinen, Schaltanlagen und Transformatoren sind in einem Raum untergebracht, ohne Zwischenmauern. Dieser Zustand birgt die Gefahr der Verqualmung der gesamten Anlage bei Kurzschlüssen und Ausbruch eines Brandes.
Die vier Generatoren (380 PS/100 KVA) sind mit einer Synchronisierungseinrichtung versehen, so daß sie auf ein gemeinsames Sammelschienensystem arbeiten.
Das Anlassen der großen Aggregate erfolgte mit Preßluft aus Stahlflaschen, die von einem 8 PS Aggregat aufgeladen wurden. Dieses Aggregat lieferte gleichzeitig den Notstrom für den Maschinenraum.
Die Abgase wurden durch Rohrleitungen mit einem Querschnitt bis zu 1 m² zu einem senkrechten Kamin geführt, der meistens im Mannschaftseingang war. Eine in die Auspuffleitung eingeschaltete Kammer diente zur Rußabscheidung und Schalldämpfung.
Die Betriebsstoffbehälter sind für ein Fassungsvermögen von 720 Betriebsstunden bei Vollast berechnet. Die kriegsmäßige Reserve ist für einen Betrieb von zwei bis drei Monaten ohne Auffüllung der Vorräte vorgesehen.
Die Maschinenräume befanden sich in der Nähe der unterirdischen Kaserne.
Da die Dieselmaschinen ohne elastische Zwischenstücke starr mit dem Fundament verschraubt waren, wurden die Schwingungen auf den Boden

Umspannanlage mit den fünf Spannungsanzeigeinstrumenten (660 V/440 V/380 V/110 V) 3000 V.

Diesel im Hintergrund und Generator, rechts an der Wand die Preßluftflaschen zum Anlassen der Diesel.

übertragen und führten zu dauernden Störungen und Belästigungen der in den Ruheräumen befindlichen Mannschaft.
Der Aufenthalt in den Maschinenräumen war für die Bedienungsmannschaft sehr beschwerlich, da die Wärmeabführung der Dieselmaschinen nur sehr unvollkommen war. Die Temperaturen erreichten infolge mangelhafter Be- und Entlüftung des Raumes bei vollem Betrieb 40° C.

Förderanlagen

In den Hohlgängen der großen Werke dienten elektrische Schmalspurbahnen (Spurbreite 0,60 m) zum Befördern von Personal und Gütern. Die größte Zuggeschwindigkeit betrug etwa 14 km/Std., sie wurde mit 600 Volt Betriebsspannung betrieben.
Schrägaufzüge sind in Munitionseingängen mit schiefer Ebene nach unten eingebaut. Das heißt, der Eingangsstollen hat eine Neigung von 25° nach unten. Die Förderung erfolgte mit einer elektrischen Drahtseilwinde und Gegengewichten. Im Notfall konnte der Aufzug von Hand betätigt werden.
Schwebebahnen befanden sich in den einzelnen Kammern des Munitionsla-

Aufzug – Werkgruppe Schönenburg

gers, und den Be- und Entladestationen sowie in den Artillerieblöcken und den Zubringeeinrichtungen zu diesen. Die an Schienen laufenden Flaschenzüge wurden von Hand aus betätigt.
Fahrstühle waren in den über einen Schacht zugänglichen Eingangsbauwerken sowie den Artillerieblöcken eingebaut (Tragkraft 2500 kg, Druckknopfsteuerung).
Nachschubbahnen für den Nachschub der großen Werke aus dem Hinterland wurden angelegt, die Güter bis an die Eingänge der Werke brachten. Als Zugmaschinen dienten Diesellokomotiven.

Hohlgänge

Die Werkgruppen haben einen Haupthohlgang, von dem Verbindungsgänge zu den unterirdischen Unterbringungs- und Lagerräumen und zu den Bereitschaftsräumen unterhalb des Kampfblocks abzweigen. Von diesen Bereitschaftsräumen führen Treppen und Aufzüge in Schächten zu den Kampfblocks. Je nach Bedeutung des Hohlgangs ist der Querschnitt verschieden groß.

Hohlgangabzweigung Werk Fermont

Normaler Hohlgang 1,20 m breit und 2,30 m hoch.
Hohlgang mit Bahn 2,80 m breit und 3,00 m hoch.
Bahnhof 5,90 m breit und 4,70 m hoch.
Für die Innenverteidigung des Hohlgangs sind im Innern sogenannte Blockhäuser mit Scharten für MG angeordnet.
Minenkammern ermöglichen in gefahrvoller Lage eine Sprengung des Hohlganges. Dadurch wird einem eingedrungenen Gegner der Zugang zu weiteren Hohlgangsanlagen verwehrt, oder er wird in einem Hohlgangsteil abgeschnürt. Die Minenkammern sind in der Regel in Krümmungen des Hohlgangs angeordnet.

Kücheneinrichtung

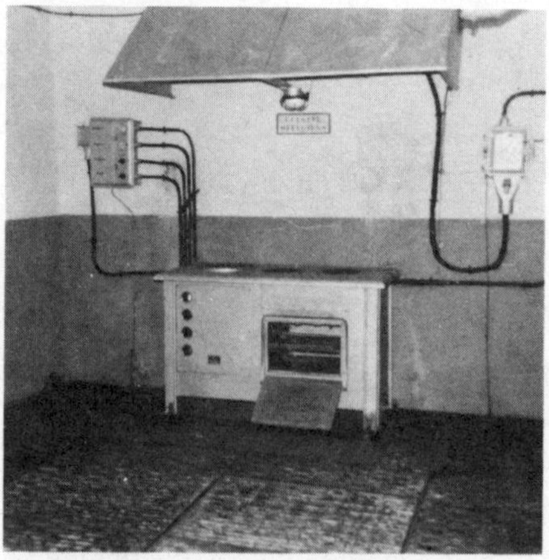

Bettgestelle

Nach der Übergabe der Großgruppe »Hochwald«. Gut zu sehen ist hier auch die Festungsantenne

Kasematte der Artillerie für 3 mal 75 mm Kanonen

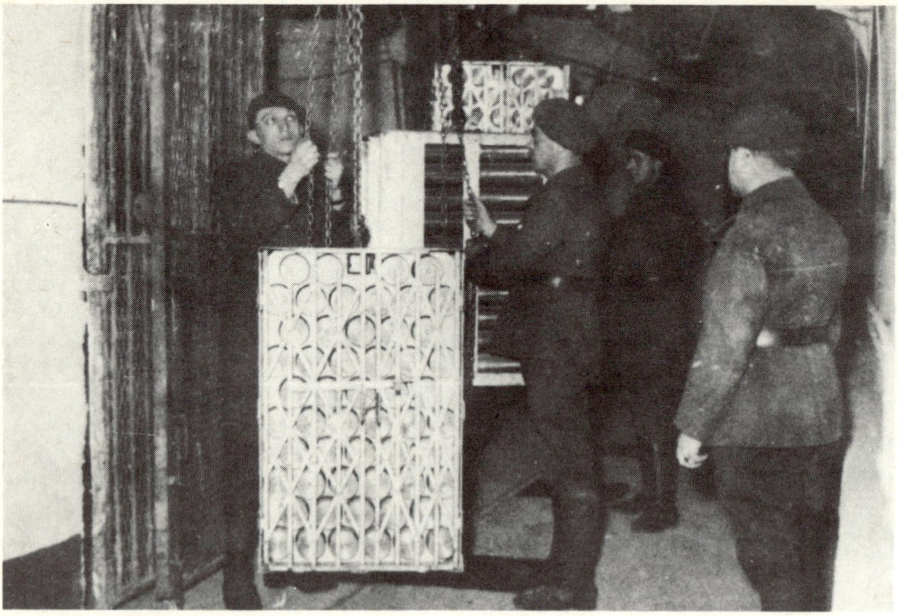

Im Munitionslager »M 2« einer Werkgruppe

Bereitschaftsmunition in einer Kasematte

Der zentrale Filterraum einer Werkgruppe

Links ist eine Lokomotive und rechts ein Wagen der Werkbahn zu sehen

Atlantik-Wall

Der Atlantikwall in Frankreich

Nach Abschluß des Feldzuges gegen Frankreich im Jahre 1940 plante die deutsche Führung die Besetzung Englands. Zur artilleristischen Unterstützung des »Unternehmen Seelöwe«, wie der Deckname lautete, wurden am Ärmelkanal riesige Batterien errichtet. Vorwiegend wurden schwere Schiffsgeschütze eingebaut, die von ihren Standorten südlich Calais bis zum englischen Festland feuern konnten. Als die geplante Invasion abgesetzt wurde, stellte man sich deutscherseits auf eine Front am Atlantik ein. Von diesem Zeitpunkt an wurden die vier großen Marinebatterien in die Verteidigungsanlagen mit einbezogen. Die Küste wurde nach Norden über Belgien, die Niederlande, die Deutsche Bucht, Dänemark und Norwegen bis zum Nordkap und nach Süden bis zur spanischen Grenze befestigt. Sinn der ganzen Anlage war es, einen Angreifer bei einem eventuellen Landungsversuch aufzuhalten, wenn er am wehrlosesten war – beim Anlandgehen.

Das Oberkommando der Wehrmacht (OKW) vermutete, daß wegen der geringen Übersetzentfernung eine Landung im Raum Calais erfolgen könnte. Die weiten Sandstrände zwischen Calais und der belgisch-französischen Grenze wären dafür auf breiter Front sehr geeignet.

Einer der meist umkämpften Häfen an der Kanalküste war Dünkirchen. Durch die 1940 entstandenen Schäden konnten hier keine großen Versorgungsschiffe vor Anker gehen. Die strategische Überbewertung Dünkirchens erkennt man bei Betrachtung der Vielzahl von Artilleriebatterien in diesem Gebiet. Alle Anlagen hatten Kaliber zwischen 15,5 cm und 21 cm. Der Hafen blieb bis zum Waffenstillstand in deutscher Hand.

Die Stadt und der Hafen von Calais waren von alten Stadtbefestigungsanlagen umgeben. Diese Mauern und Forts wurden während der Kriegsjahre ausgebaut und verstärkt.

Im Osten der Stadt wurden die Artilleriebatterien »Waldam« und »Oldenburg« errichtet. Von den drei 17 cm Geschützen der Batterie »Waldam« baute man ein Geschütz in den einzigen Betondrehturm des Atlantikwalls ein. Zwischen dieser Batterie und der Stadt Calais standen zwei Geschützkasematten mit 24 cm Kanonen der Batterie »Oldenburg«. Jede Anlage besaß einen Feuerleitstand und wurde selbst von leichter Artillerie, leichter Flak und Infanteriewaffen geschützt. Im Westen von Calais wurden zwei 16,4 cm Kasemattgeschütze eingesetzt, die in dem alten französischen Fort Lapin eingebaut waren. Auch hier wurden starke Nahverteidigungsanlagen erstellt. Calais war mehrmals das Ziel starker Luftangriffe und hielt auch Beschießungen von See her stand. Am 1. 10. 1944 wurde die Stadt übergeben.

Wie bereits oben erwähnt, wurden im Pas de Calais, an der Kanalenge zwischen Calais und Boulogne-sur-Mer 1940 vier Marineküstenbatterien zur Unterstützung des »Unternehmens Seelöwe« gebaut. Es waren dies die Batterien

»Lindemann«	mit drei Kanonen 40,6 cm in Geschützkasematten
»Großer Kurfürst«	mit vier Kanonen 28 cm in Geschütztürmen
»Todt«	mit vier Kanonen 38 cm in Geschützkasematten
»Friedrich August«	mit drei Kanonen 30,5 cm in Geschützkasematten

Von diesen vier Anlagen konnten nur die Geschütztürme der Batterie »Großer Kurfürst« rundum schießen. Die Kanonen in den Geschützbunkern verfügten wegen der Verschartung nur über einen Schußwinkel von 120°. Die englische Küste zwischen Dungeness und Ramsgate lag im Wirkungsbereich dieser vier Einrichtungen. Die französische Küste vor diesen Batterien wurde von kleineren Anlagen in Wissant, Ambleteuse und Wimereux gedeckt. Des weiteren gelangten mehrere Eisenbahngeschütze in diesem Gebiet zum Einsatz.
Die Stadt Boulogne bot mit ihren großen Hafenanlagen den Alliierten einen besonderen Anreiz. Neun Artilleriebatterien mit Kalibern bis zu 19,4 cm sowie 18 Flakstellungen und vier Radarstationen waren um die Stadt errichtet worden. Befestigungsanlagen zum Schutz gegen Angriffe aus dem Binnenland standen auf dem Mont Lambert und den Höhen des St. Etienne du Mont. Nach See bildeten die Anlagen auf dem Cap d' Alprech sowie in dem alten französischen Fort über der Küste von Le Portel und die nördlich der Stadt gelegenen leichten Batterien Creche I und Creche II die Hauptverteidigung. Vor der Übergabe der Stadt wurden die bis dahin unversehrt gebliebenen Hafenanlagen zerstört.
In der weiten Dünenlandschaft südlich Boulogne bis Le Treport liegen weitverstreut kleine Dörfer. Jeder dieser Orte besaß ein oder mehrere Kanonen unter Beton. Die Aufgabe dieser Waffen war es, Sperrfeuer auf die weiten, flachen Strände zu legen.
Von Le Treport in Richtung Le Havre wandelt sich die Küstenlandschaft. An Stelle der weiten Strände treten steile Felsklippen, die nur von vereinzelten Flußmündungen unterbrochen werden.
Der wichtigste Hafen in diesem Abschnitt ist Dieppe. Drei Batterien in Varengeville, Berneval und Calmont standen zur Verteidigung der Stadt zur Verfügung. Vier Heeresbatterien und eine schwere Flakeinheit wurden außerdem zu deren Unterstützung eingesetzt. Im Gegensatz zu dem im Jahre 1942 gescheiterten Angriff wurde Dieppe am 1. 9. 1944 kampflos von den Alliierten eingenommen.

Entlang der Küste standen in regelmäßigen Abständen in St. Valery en Caux, Fécamp und am Cap d'Antifer wichtige Radarstationen. Eine der ersten Radarstellungen wurde bereits im August 1940 von der Marine auf Cap d'Antifer gebaut.
Die in der Seine-Mündung gelegenen Hafenanlagen von Le Havre zählten bereits 1940 zu den bedeutendsten Frankreichs. Zwei schwere Marineküstenbatterien sollten den Schutz des zur Festung erklärten Stadt- und Hafengebietes gewährleisten. Die beiden Anlagen wurden jedoch nicht gebaut. Auf den Höhen um die Stadt und auf den Hafenmolen waren neun Heeres- und acht Marineküstenbatterien stationiert. Während die Marinebatterien ausschließlich zum Schutz vor Feindannäherungen von See eingesetzt wurden, waren die Heeresküstenbatterien bis auf zwei Ausnahmen gegen Land gerichtet. Die größte Marineküstenbatterie hatte drei 17 cm Geschütze und war nördlich des Cap de la Hève errichtet worden. Zwei der drei Kanonen wurden bis zum Ende der Kämpfe verschartet. Am D – Day, d. h. bei der Landung der Alliierten in der Normandie, konnte aus dem Raum Le Havre nur diese Batterie in das Kampfgeschehen eingreifen. Vier Luftwaffenbatterien, ausgerüstet mit 8,8 cm Flak, sollten den Luftraum über der Stadt sichern. Eine Marineküstenbatterie mit vier 15 cm Geschützen in Kasematten wurde östlich Le Havre bei der Ortschaft Vasouy gebaut und bildete mit ihrer auf die Stadt gerichteten Verschartung einen Flankenschutz. Eine im Bau befindliche Marineküstenbatterie bei Octeville wurde bereits vor der Fertigstellung der Geschützbunker zerstört.
Le Havre kapitulierte am 12. 9. 1944. Zu diesem Zeitpunkt waren die Hafenanlagen zum größten Teil zerbombt oder gesprengt. Nach der Einnahme gingen die alliierten Truppen nordwärts vor, um die großen Marineküstenbatterien im Pas de Calais auszuschalten.
Der Atlantikwallabschnitt westlich Le Havre wurde während der Landung der Alliierten in schwerste Artilleriegefechte verwickelt. Die Angreifer hatten oft Kenntnis von der Lage der Kasematten der Marineküstenbatterien und der Stellungen der Heeresbatterien. An nicht so stark verteidigten Strandabschnitten waren deshalb Landungen möglich. Zwischen der Mündung der Seine und der Ornemündung befanden sich mehrere Batterien mit Kalibern zwischen 7,5 cm und 15,5 cm. Zwei Anlagen in Villerville (Villerville I mit vier 10,5 cm Geschützen in Kasematten; Villerville II mit vier 15,5 cm Kanonen, davon eine in Kasematte) belegten die Strände vor den Ortschaften mit Feuer. Die gleiche Aufgabe erfüllten die vier 15,5 cm Feldkanonen von Benerville, von denen drei auf dem Mont Canisy in der Nähe von Deauville verschartet waren. Von den vier Geschützen vom Kaliber 15,5 cm der Batterie Houlgate waren nur zwei verbunkert. Die

beiden anderen Geschütze befanden sich in offenen Bettungen. Diese Anlage besaß ursprünglich sechs Geschütze. Bei einem Bombenangriff wurden jedoch zwei vernichtet. Die Batterie von Merville verfügte über vier 7,5 cm Feldgeschütze in Geschützbunkern und starke Anlagen zur Nahverteidigung. Die Stellung lag ca. 3 Kilometer landeinwärts und deckte mit ihren nach Nordwest gerichteten Waffen die Ornemündung.

Die Heeresküstenbatterie Riva Bella stand westlich unmittelbar an der Ornemündung im Landungsabschnitt »Sword«. Die sechs Kanonen vom Kaliber 15,5 cm kontrollierten die Zufahrt zum hier beginnenden Caenkanal.

Die bedeutendste Anlage im anschließenden Landungsabschnitt »Juno« war die Heeresküstenbatterie von Graye. Von den vier 12,2 cm Feldkanonen waren zwei verschartet. Die beiden anderen waren in offenen Bettungen aufgestellt worden. Zwischen dieser Einheit und der Marineküstenbatterie Longues befanden sich vier Heeresbatterien mit Geschützen vom Kaliber 10,5 cm.

Die Marineküstenbatterie Longues, im Landungsabschnitt »Gold« gelegen, besaß vier Kanonen vom Kaliber 15,2 cm. Die Arbeiten an den Bunkern wurden erst kurz vor Beginn der Invasion beendet. Während der Landung der alliierten Truppen stand diese Batterie in dauernden Feuergefechten mit mehreren Kriegsschiffen. Nach dem Ausfall von zwei Kanonen durch Granattreffer wurde die Anlage am 6. 6. 1944 übergeben.

Entlang der Calvadosküste lagen mehrere Infanteriestützpunkte zwischen den Küstenbatterien. Meist waren sie mit einer 8,8 cm Kanone unter Beton ausgerüstet und sicherten mit ihr die unmittelbare Strandnähe.

Die Batterie am Pointe du Hoc stellte mit fünf Geschützen vom Kaliber 15,5 cm die stärkste Anlage im Landungsabschnitt »Omaha« dar. Sie war mehrmals das Ziel schwerer Bombenangriffe. Westlich der Viremündung war die Marineküstenbatterie Marcouf mit drei 21 cm Kanonen am wirkungsvollsten. Zwei Waffen standen verschartet in Geschützkasematten. Sie wurden durch Treffer der feindlichen Schiffsartillerie vernichtet. Das dritte, in einer offenen Bettung stehende Geschütz wurde vor Einnahme der Batterie gesprengt. Zur weiteren Küstensicherung waren in diesem Abschnitt (Landungsabschnitt Utah) sieben Heeresküstenbatterien errichtet worden. Den südlichsten Standort hatte die Einheit in la Madeleine. Sie verfügte über vier Feldkanonen des Kalibers 10,5 cm. Nach Norden schloß sich die Heeresküstenbatterie von Azeville mit ebenfalls vier Feldkanonen gleichen Kalibers an. Auch die Heeresbatterie Quineville besaß vier 10,5 cm Kanonen gleichen Typs in Kasematten. Bereits im Jahr 1941 wurde die Heeresküstenbatterie Morsalines mit sechs Geschützen vom Kaliber

10,5 cm errichtet. Während eines Bombenangriffs am 10. 5. 1944 wurde die Anlage zerstört. Die Heeresbatterie Pernelle II besaß vier der modernsten deutschen 17 cm Geschütze. Trotz unzureichender Feuerleitmittel kamen die Kanonen am 6. 6. 1944 zum Einsatz. Sie beschossen »Utah-Beach« und fügten den Amerikanern schwere Verluste zu. Die sechs verbunkerten 10,5 cm Geschütze der Batterie Pernelle I und die vier verbunkerten von sechs 15,5 cm Geschützen der Heeresbatterie Gatteville unterstützten die genannten Einrichtungen beim Kampf während der Invasion der alliierten Truppen nicht, da die Anlagen zu weit ab von den Landungsstränden lagen und die Verbunkerung der meisten Waffen nur einen Schußbereich nach Norden, also von den Landungsstränden weg, zuließ.
Folgt man dem Atlantikwall weiter in westlicher Richtung, so trifft man auf die Marineküstenbatterie Blankenese mit vier 9,4 cm Kanonen sowie auf die Batterie Hamburg. Mit vier 24 cm Kanonen als Hauptbewaffnung bildete diese Anlage den östlichsten Stützpunkt der Festung Cherbourg. Durch die 30 Kilometer lange Seefront und die ca. 50 km lange Landfront stellte diese Stadt einen schwer zu verteidigenden Abschnitt dar. Die Stellungen in und um die Festung besaßen eine ungeheuere Feuerkraft. Die stärksten Batterien waren außer der bereits erwähnten Marineküstenbatterie Hamburg die Marineküstenbatterie Brommy mit vier 15,2 cm Geschützen sowie die Waffen im Fort du Roule. Brommy wurde von der Rückseite angegriffen und konnte sich wegen der Verschartung der Geschützbunker nicht mit den Hauptwaffen am Abwehrkampf beteiligen. Die Marineküstenbatterie im Fort du Roule mit vier 10,5 cm Kanonen erwies sich als kampfstark, wohingegen die benachbarte Marineküstenbatterie Bastion ein Ausfall war, da die Geschütze bereits vor Ausbruch des Kampfes unbrauchbar gemacht wurden. Eine Heeresküstenbatterie westlich von Equevrdreville mit vier 15,5 cm Kanonen und die vier 17 cm Kanonen der Batterie York leisteten beim Kampf um Cherbourg erheblichen Widerstand. Im Castell Vendon, im sogenannten Westeck, wurden auf dem Gelände einer geplanten französischen Batterie viermal 15,2 cm Kanonen verbunkert.
Beim Kampf um Cherbourg spielten die Forts auf der Außenmole des Hafens eine wichtige Rolle. Mit ihren Waffen erschwerten sie jegliche Feindannäherung von See. Diese sechs Forts erwiesen sich als sehr widerstandsfähig und hielten sich sogar noch einige Tage nach der Übergabe der Stadt am 17. 6. 1944.
Die Westküste der Halbinsel Cotentin wurde südlich des Cap de la Hague von drei Heeresküstenbatterien beherrscht.
Die vier 15,5 cm Kanonen der am nördlichsten gelegenen Anlage von Auderville hatten eine Reichweite von 15 Kilometern. Unterstützt wurden

sie von den Eisenbahngeschützen der 1000 Meter südlich stehenden Abteilung von Jobourg mit einem Kaliber von 20,3 cm. Mit vier 7,5 cm Geschützen war die südlich Jobourg gelegene Anlage Thiebot am schwächsten ausgerüstet. In Verbindung mit den schweren Artilleriestützpunkten auf den diesem Abschnitt vorgelagerten Kanalinseln Guernsey, Jersey und Alderney war hier eine verhältnismäßig gute Verteidigung gewährleistet. Die Deutschen verließen sich auf die abschreckende Wirkung der Steilküste. Von Granville und Cancale wurde die Einfahrt in die Bucht des Mont St. Michel überwacht. Dieser Berg war durch seine Lage leicht zu verteidigen. Es fehlten ihm jedoch schwere Artilleriebatterien.
St. Malo war nach Süden der nächste stärker befestigte Ort an der Küste. Zwei Linien von Panzersperren wurden zusätzlich zu den natürlichen Hindernissen errichtet. Mehrere Batterien um die Stadt, auf der Zitadelle und der Ile de Cezembre kontrollierten den Hafen. Die Zitadelle wurde während der anhaltenden Bombenangriffe zum größten Teil zerstört. Den andauernden Angriffen vom 4. bis 17. August 1944 hielten die Verteidiger St. Malos stand. Unterstützt wurden sie vom Artilleriefeuer der Batterien in St. Lunaire mit drei 12,2 cm Geschützen, der Batterie in Dinard mit vier Kanonen gleichen Kalibers und den sechs 19,4 cm Geschützen sowie zwei Batterien mit jeweils vier 7,5 cm Kanonen auf der Ile de Cezembre.Trotz verstärkter Angriffe von Land, vom Wasser und aus der Luft konnten sich die Anlagen auf der Insel noch zwei Wochen nach der Übergabe der Stadt am 18. August 1944 halten. Sie machten somit den alliierten Kriegsschiffen das Einlaufen in den Hafen von St. Malo noch einige Zeit unmöglich.
Die Küstenbatterien in der Nordbretagne wurden nacheinander von der Rückseite eingenommen. An der felsigen Nordwestküste der Bretagne wurden die Stellungen weiträumiger angelegt als in leichter zugänglichem Gebiet. Dennoch wurde jeder kleine Hafen und jede Flußmündung geschützt.
Brest war der wichtigste Hafen in dieser Region und wurde deshalb zur Festung erklärt. Diese von Hitler Anfang 1944 erlassene Anweisung bedeutete, daß die Stadt und der Hafen bis zur letzten Patrone zu verteidigen und zu halten sei. In großem Umfang wurden Verteidigungsanlagen errichtet. Im Hafengebiet selbst wurden riesige U-Boot-Bunker gebaut, die auch in der Lage waren, Überwasserfahrzeuge bis zu einer gewissen Größe aufzunehmen. Die Bauzeit für diesen Bunker und die Nebengebäude betrug 17 Monate. Zum Schutz der Anlagen wurde der Hafen und die Zufahrt mit schwerer Küsten- und Flugabwehrartillerie ausgerüstet. Die wichtigsten Batterien waren an der Einfahrt zum Rade de Brest nördlich und südlich der Meerenge stationiert. Im Norden befand sich in der Nähe des Cap St.

Mathieu die Marineküstenbatterie Graf Spee. Von ihrem ehemaligen Standort auf der Nordseeinsel Wangerooge wurden die vier 28 cm Kanonen für diese Anlage nach Brest verlegt. Bis zum Ausbruch der Kämpfe konnte nur ein Geschütz verbunkert werden. Die drei anderen Waffen hatten somit einen Feuerbereich von 360°. An leicht zugänglichen Stellen des Strandes wurde zusätzlich Artillerie eingesetzt. So standen Batterien am Cap de la Chèvre, in Les Rospects, Portzic sowie in Ploumoguer und Kerbonn. Weitere Küstenbatterien wurden südlich der Meerenge erstellt. Die schwerste war mit vier 22 cm Kanonen bestückt. Nach der Landung der Alliierten in der Normandie erkannte die deutsche Führung, daß Brest von der Landseite leicht einnehmbar war, und versuchte deshalb, die Landfront zu verstärken. Hierbei wurden Verteidigungsanlagen aus dem 17. Jahrhundert mit einbezogen. Rund 20 Flakbatterien wurden um die Festung Brest stationiert. Sie verfügten meist über 10,5 cm Flak und oftmals sogar über 12,8 cm Zwillingsflak. Der Kampf um Brest dauerte sechs Wochen und wurde durch die Übergabe der Stadt am 19. 9. 1944 beendet. Die Kämpfe brachten auf beiden Seiten schwerste Verluste.
Neben Brest wurden zum Schutz der deutschen Unterseeboote auch in Lorient und St. Nazaire Bunker errichtet. Diese zählten mit zu den wichtigsten Einrichtungen der Deutschen an der französischen Atlantikküste. Die Bunker waren als vorgeschobene Stützpunkte geplant. Sie dienten den deutschen U-Booten als Ausgangsbasen für die Feindfahrten zu den Geleitzugschlachten in den Nordatlantik während der Seeblockade Englands. In der Ausstattung mit Küsten- und Flugabwehrwaffen wurden diese Häfen bevorzugt.
Während des Weltkriegs II waren in Lorient zwei U-Boot-Flottillen stationiert. Die Einsätze im Nordatlantik wurden von Lorient aus gesteuert. Auch die Organisation Todt (OT) schlug nach der Besetzung Frankreichs ihr erstes Hauptquartier in Lorient auf und begann bereits im November 1940 mit der Planung der U-Boot-Bunker. Von den 18 Kammern des Bunkers Lorient konnten im Jahr 1941 bereits elf in Betrieb genommen werden. Die letzten sieben waren erst Anfang 1943 aufnahmebereit. 25000 Arbeiter standen der Organisation Todt in Lorient zur Verfügung. Sie schufen eine Basis, deren Kosten auf ca. 400 Mio RM geschätzt werden. Zur Verteidigung der Stadt wurde ein Ring aus ca. 400 Anlagen und Stellungen gebildet, der gleichzeitig die vorgeschobenen Landzungen deckte und die Zufahrt zum Hafen kontrollieren konnte. Die größten Anlagen bildeten die vier Geschütze vom Kaliber 16,4 cm im Fort le Loquettes westlich der Hafenzufahrt und die vier 17 cm Kanonen am vorgelagerten Pointe de Talud. Feindliche Annäherungen von See wurden von den schweren Batte-

rien Crognon mit vier 20,3 cm Geschützen auf der Ile de Groix und den drei 34 cm Kanonen auf der südlich Lorient gelegenen Halbinsel Quiberon bekämpft. Zahllose verbunkerte Stellungen mit leichter Artillerie säumten die Küsten und bewachten die Zufahrtsstraßen nach Lorient. Wie in Brest waren die meisten der 20 hier stationierten Flakbatterien mit 10,5 cm und 12,8 cm Flugabwehrkanonen bestückt.
Trotz anhaltender Kämpfe wurde die Festung Lorient nach Beendigung des Zweiten Weltkriegs unzerstört den Alliierten übergeben.
St. Nazaire besaß einen Stützpunkt für 14 U-Boote. Das Ein- und Auslaufen der Schiffe wurde durch den Bau einer Schleuse von den Gezeiten unabhängig. Ebenso wie in Brest und Lorient wurden in St. Nazaire die Verteidigungsanlagen um den Stützpunkt und den Hafen verstärkt angelegt. Die Anzahl der in St. Nazaire eingesetzten Flugabwehrgeschütze übertraf die der beiden vorgenannten Städte bei weitem. 73 Geschütze vom Kaliber 10,5 cm oder 12,8 cm sowie mehrere 8,8 cm Kanonen und über 100 leichte Flugabwehrwaffen wurden zum Kampf bereitgestellt. Leichte und mittlere Küstenbatterien mit je vier Kanonen vom Kaliber 15,5 cm am Pointe de Chémoulin und 17 cm am Fort de l'Eve überwachten den nördlichen Küstenabschnitt des in der Loiremündung gelegenen Hafens. Westlich von St. Nazaire bei der Ortschaft Batz sur Mer war eine schwere Batterie mit drei Eisenbahngeschützen vom Kaliber 24 cm in Stellung gegangen. Südlich des Flusses befanden sich einige kleinere Batterien in der Nähe von St. Brein sowie eine verbunkerte Anlage mit vier Kanonen 7,5 cm in Le Pointeau. Am Pointe de St. Gildas baute die Organisation Todt vier Geschützbunker für 7,5 cm Kanonen. 1000 Meter hinter dieser Stellung wurden zwei weitere Eisenbahngeschütze mit 240 mm Kaliber als Gegenstück der Abteilung von Batz sur Mer aufgebaut. Feindlichen Schiffen war es somit sehr schwer gemacht worden, St. Nazaire von See her zu beschießen.
Ein weiterer U-Boot-Stützpunkt befand sich in La Pallice. Die seewärts gerichteten Verteidigungsanlagen von La Pallice und dem danebenliegenden La Rochelle wurden von den Marineküsten- und Flakbatterien auf der Ile de Ré und der Ile d'Oléron ergänzt.
Der südlichste stärker befestigte Abschnitt des Atlantik-Walls war das Gebiet der Girondemündung am Golf von Biskaya. Es wurde unterteilt in den Bereich um Royan (Gironde Nord) und Le Verdon (Gironde Süd). Im Nordabschnitt befand sich eine Batterie mit zwei 24 cm Geschützen sowie 15 cm und 13,8 cm Kanonen, ferner leichte Artillerie und eine wichtige Radarstation. Nach dem Fall von Royan zogen sich die deutschen Truppen zurück und errichteten entlang des Vorgebirges eine neue Verteidigungslinie.

Der Südabschnitt um Le Verdon verfügte über eine Küstenbatterie mit vier 10,5 cm Kanonen direkt an der Girondemündung und eine 16,4 cm Batterie, deren Waffen unmittelbar an der Küste südlich des Flusses standen.
In Bordeaux befand sich das Hauptquartier der deutschen 1. Armee. Von hier wurde der Abschnitt des Atlantikwalls von der Bretagne bis zur spanischen Küste befehligt.
Die Küste südlich der Gironde und der spanischen Grenze besteht aus weitem Dünenland. Zum Schutz wurde hier nur leichte Artillerie stationiert. Wegen der großen Übersetzentfernung bestand keine Gefahr einer evtl. Landung alliierter Truppen.

Die Batterie »Waldam«

Vier Kilometer nördlich Calais befindet sich die Küstenbatterie »Waldam«. Die Anlage liegt ca. 300 Meter vom Strand entfernt in einer von Wasserläufen und Tümpeln durchzogenen Dünenlandschaft. Drei verbunkerte 17 cm Kanonen gaben der Anlage ausreichende Feuerkraft. In dieser Batterie findet sich als einmaliges Bauwerk am Atlantikwall ein Betongeschützdrehturm. Der Turm hat eine Höhe von ca. 10 Metern und ist zweigeschossig. Mittels Handkurbeln war er mitsamt dem eingebauten Geschütz um 360° drehbar und deckte somit auch das Umfeld der Batterie, das Zwischengelände und das Hinterland der südlich angrenzenden Marineküstenbatterie »Oldenburg« sowie die Stadt Calais. Im Untergeschoß des Betonturmes waren Bereitschafts- und Munitionsräume sowie ein Raum für die Schwenkmechanik. Der Bunkereingang befindet sich an der der Küste abgewandten Seite im Untergeschoß des Turmes. Eine Weiterentwicklung des Turmes gelang bis Kriegsende nicht, so daß dieses Bauwerk einzigartig blieb.
200 Meter östlich des Turmes waren zwei 17 cm Kanonen in Kasematten eingebaut. Diese Bunker waren mit der am Atlantikwall üblichen Todt-Scharte versehen. Auch hier befand sich der Eingang an der Rückseite. In den eingeschossigen Bunkern waren zwei Räume zur Lagerung der Zünder und Geschosse sowie ein Bereitschaftsraum vorhanden. Der Eingang wurde mittels Maschinengewehr aus einer gegenüberliegenden Nahverteidigungsscharte gesichert. Zur weiteren Selbstverteidigung war je ein Ein-Mann Ringstand, ein sog. Tobruk, an der Rückseite der Bunker angehängt.
Der Feuerleitstand der Batterie »Waldam« wurde unmittelbar neben dem Drehturm errichtet. An der Rückseite wurde ein Mannschaftsunterstand angehängt. Durch den hohen Aufzug ragte der dreistöckige Feuerleitstand hoch über die Dünen hinaus und war somit von See her leicht zu orten.
Südlich des Feuerleiters waren mehrere Geschütze in offenen Bettungen postiert. Noch heute ist ein Drehsockel sowie das Rohr eines Geschützes zu sehen.
Zum Selbstschutz der gesamten Anlage waren rund um die Batterie »Waldam« Pakstände und Feldstellungen angeordnet.

100 Meter südlich des Drehturms steht der Feuerleitstand der Batterie. ▶

Neben dem Eingang zur Kasematte, der durch die gegenüberliegende Nahverteidigungsscharte für Maschinengewehr geschützt wurde, lag der Aufgang zum Ein-Mann Ringstand an der Rückseite des Kampfstandes.

Die Batterie »Oldenburg«

Verläßt man Calais auf der D 119 in östlicher Richtung, gelangt man nach 2 Kilometern bei »le Moulin Rouge« an eine Straßeneinmündung. Folgt man dieser Straße, erreicht man nach wenigen hundert Metern das Gelände der ehemaligen Marineküstenbatterie »Oldenburg«.
Die auffallendsten Bauten sind die beiden dreigeschossigen Geschützbunker. Trotz ihrer gigantischen Ausmaße mit einer Breite von 35 Metern und einer Tiefe von 15 Metern wurden sie gut in die Landschaft integriert. Wie bei allen Kampfständen, so gelangt man auch bei diesen Werken von der Rückseite in das Innere. Betritt man die Bunker durch den linken Eingang, so kommt man in einen langen Gang, der direkt in den Kampfraum führt. Entlang dieses Ganges befinden sich vier Munitionsräume. Der Gang auf der gegenüberliegenden Seite des Kampfraumes führt an zwei weiteren Munitionskammern zum zweiten Ausgang. Drei Treppenhäuser führen in das nächste Untergeschoß. Hier waren WC's und Maschinenräume eingerichtet. Über ein weiteres Treppenhaus erreichte man das 3. Stockwerk. Hier befanden sich offensichtlich die Bereitschaftsräume. Heute liegen die beiden Eingänge auf dem Gelände der französischen Armee und sind zugemauert.
Zahllose MG- und Granatwerferstellungen sowie Pakstände und ein Maschinenstand umgaben die Anlage. Zur Flugabwehr waren mehrere franz. 7,5 cm Flak, engl. 4 cm Flak und 2 cm Kanonen eingesetzt.
Die zwei Geschützbunker stehen in einem Abstand von ca. 200 Metern. Zur Vergrößerung des durch die Verschartung der Waffen stark verkleinerten Schußwinkels wurden die Kasematten versetzt gebaut. Die Hauptbewaffnung bestand aus zwei 24 cm Kanonen vom Typ 24 cm SK L/40 der Fa. Friedr. Krupp AG in Essen. Die Geschütze trugen zwar nicht bis zum engl. Festland, jedoch konnte von hier die nördliche Zufahrt zur Meerenge gut mit Feuer belegt werden.

Die Verschartung der Geschütze begrenzte den Schwenkbereich auf ca. 120°. ▶

Trotz der Ausmaße von 35 × 15 Metern waren die Geschützbunker von See her nur schwer zu sehen. Bei dieser Kasematte wurde auf dem Dach ein zusätzlicher Beobachter postiert.

Eisenbahngeschützbatterien

Zur Unterstützung der verbunkerten Artilleriebatterien kamen am Pas de Calais 5 Batterien mit Eisenbahngeschützen zum Einsatz. Die Batterien verfügten über Geschütze der verschiedensten Kaliber.

21 cm Kanone 12 (E):	Rohrlänge (L/158) 33,30 Meter Reichweite ca. 115 Kilometer Schußfolge 1 Schuß in 5 Minuten
24 cm Theodor Bruno Kanone (E):	Rohrlänge (L/40) 9,50 Meter Reichweite ca. 27 Kilometer Schußfolge 1 Schuß in 3 Minuten
28 cm kurze Bruno Kanone (E):	Rohrlänge (L/40) 11,20 Meter Reichweite ca. 30 Kilometer Schußfolge 1 Schuß in 6 Minuten
28 cm lange Bruno Kanone (E):	Rohrlänge (L/45) 11,90 Meter Reichweite ca. 29 Kilometer Schußfolge 1 Schuß in 5 Minuten
28 cm Bruno neue Kanone (E):	Rohrlänge (L/58) 16,40 Meter Reichweite ca. 46 Kilometer Schußfolge 1 Schuß in 3 Minuten
28 cm Kanone 5 (E):	Rohrlänge (L/76) 21,50 Meter Reichweite ca. 62 Kilometer Schußfolge 1 Schuß in 4 Minuten

Alle diese Waffen wurden in den Jahren 1936 und 1937 sowie von 1940 bis 1942 von der Fa. Friedrich Krupp AG in Essen in Zusammenarbeit mit der Fa. Hanomag in Hannover gebaut. 6,5 KM WESTLICH

Zum Schutz der Waffen wurden ~~südlich~~ Calais bei der Ortschaft Sangatte in einen Kreidefelsen mehrere Stollen getrieben. Auf der Sohle vereinigten sich die Gleisanlagen aus den einzelnen Eisenbahntunnels und bildeten ein Hauptgleis.

Die Eisenbahngeschütze der obengenannten Bautypen verfügen nur über einen Seitenschwenkbereich von höchstens 1°. Um den Schußbereich seitlich zu erweitern, wurden diese Kanonen entweder auf Drehscheiben gesetzt, oder sie feuerten aus Schießkurven.

Der Anlage Sangatte war eine Schießkurve ca. 1000 Meter vorgelagert. Sie ermöglichte damit den Geschützen ein Seitenrichtfeld von ca. 90°. Unmit-

telbar neben dem Gleiskörper waren mehrere Bunker zum Schutz der Bedienungsmannschaften und zur Unterstützung des Ladevorganges.
Weitere Schutzbauten der Eisenbahngeschütze befanden sich in Calais sowie 1500 Meter nördlich Wimereux. Diese sogenannten »Dom-Bunker« waren durch eine eigens für die Eisenbahngeschütze sowie für Munitions- und Versorgungszüge gebaute Trasse miteinander und der Anlage in Sangatte verbunden. Von dieser Trasse führten Stichgleise in mehrere Schießkurven, um den Wirkungsbereich der Waffen zu vergrößern. Die Sondertrasse war auch mit dem öffentlichen Schienennetz verbunden. Bei dem Gehöft Aubengue befand sich eine Abzweigung von der Hauptlinie Boulogne–Calais, die unmittelbar zu dem der schweren Batterie »Friedrich August« um zwei Kilometer vorgelagerten »Dom-Bunker« Wimereux führte.

Riesige Schiebetore verschlossen die Ein- und Ausfahrt des Dom-Bunkers in Calais. Die Silhouette des Dom-Bunkers wurde so konstruiert, daß keine Bomben auf dem Bauwerk liegen bleiben konnten und auftreffende Geschosse abgeleitet wurden.

Die Batterie »Lindemann«

Die Batterie »Lindemann« befindet sich in der Nähe der Ortschaft Sangatte, ca. 15 Kilometer südlich Calais.
Mit drei 40,6 cm Schiffskanonen C/34 (40,6 cm SK C/34) war sie die schwerste Batterie des Atlantik-Walls. Die Reichweite der Geschütze betrug ca. 50000 Meter. Somit lag sogar die englische Stadt Ramsgate im Wirkungsbereich dieser Waffen. Die Kanonen hatten eine Rohrlänge von 20300 mm (L/50). Der Seitenschwenkbereich war durch die Verbunkerung auf 120° begrenzt. Die höchste Rohrerhöhung betrug + 60°. Die Entwicklung der Geschütze lief für die Schlachtschiffklasse »H«. Die drei ersten Waffen wurden für die Batterie »Schleswig-Holstein« gebaut und unter dem Namen Batterie »Großdeutschland« nach Sangatte gebracht und eingesetzt. Nachdem das Schlachtschiff »Bismarck« mit seinem Kapitän Lindemann im Atlantik versenkt worden war, wurde die Anlage nochmals umbenannt und erhielt ihren endgültigen Namen.
Die drei Kasematten der Batterie »Lindemann« hatten von Nord nach Süd die Bezeichnung »Anton«, »Bruno« und Caesar«. In diesen Bunkern befindet sich der Kampfraum mit der Hauptbewaffnung sowie den dahinterliegenden Munitions- und Versorgungsräumen. Jede Kasematte bot Platz für die 100 Mann starke Besatzung. Ventilation, Heizung und Generatoren machten jeden Block unabhängig vom anderen. Für die Mannschaft waren Erholungsräume und eine Bibliothek eingerichtet worden.
Innerhalb des Batteriegeländes wurde die Munition mittels zweiachsiger Güterwagen transportiert. In dem den Kampfraum mit dem Munitionseingang verbindenden Gang sind noch heute die Spuren der Schienen sichtbar. In der Kasematte wurde die Munition mit einem Kran durch Schächte in das unterste Geschoß befördert. Hier waren die Lagerräume, die den Kampfraum halbkreisförmig umschlossen. Die beiden äußeren Kammern nahmen die Granaten auf. Der Kartuschenraum lag in der Mitte. Diese Lager waren vollklimatisiert.
Die Kasematten waren dreigeschossig und hatten eine Länge von 35 Metern und eine Breite von ca. 30 Metern. Insgesamt wurden hier über 35000 Kubikmeter Beton verbaut. Der Mannschaftseingang befand sich im rückwärtigen Teil des Gebäudes. Als Eingangsverteidigung diente seitlich der Tür eine Nahverteidigungsscharte für Maschinengewehr.
Um die Batterie waren mehrere Sperrkreise errichtet worden. Die Zwischenräume waren vermint. Zur weiteren Verteidigung waren östlich und westlich der Anlage Flakstellungen mit 20 mm und 40 mm Geschützen und mehrere Pak- und Granatwerferstellungen.

Die Geschützstände der Batterie »Lindemann« wurden an einem Abhang errichtet und konnten somit leicht von dem im Rücken befindlichen Höhenzug beschossen werden.
Der zweigeschossige Feuerleitstand war der Anlage um 500 Meter vorgelagert. Von diesem erdversenkten Bunker ragte nur die Kuppel mit dem Meßgerät aus dem Erdreich. Heute ist nur noch die Öffnung, auf welcher der Drehkranz aufgesetzt war, sichtbar. Weitere vorgeschobene Beobachter dieser Anlage waren auf dem Cap Blank Nez und in Calais postiert.
Die Batterie wurde am 26. Sept. 1944 vom North Shore Regiment der Canadischen Armee erobert. Zu diesem Zeitpunkt war nur noch das Geschütz in der Kasematte »Caesar« kampffähig.

Der Kampfraum wurde vom Geschützturm fast vollständig ausgefüllt. Die riesigen Ausmaße der Waffe werden deutlich, wenn man den am Rohr stehenden Soldaten betrachtet.

Die Geschützkasematten der Batterie »Lindemann« haben eine Länge von 35 Metern und eine Breite von 30 Metern. Die Höhe der Öffnung des Kampfraumes beträgt 12 Meter. (Kasematte »Anton«)

Die Kasematte »Caesar« wurde total zerstört.

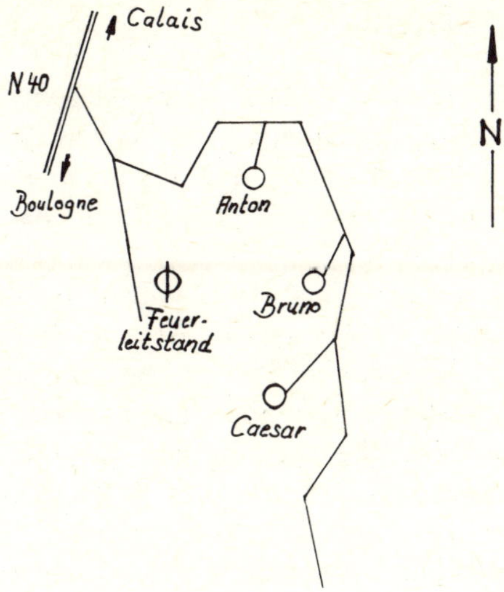

Soldaten rücken durch das Tor in den inneren Sperrkreis der Marineküstenbatterie Lindemann ein. Die im Hintergrund stehende Kasematte war mit einem riesigen Tarnnetz überzogen worden, um die Konturen gegen den Horizont zu verwischen.

Die Batterie »Todt«

Die in der Nähe der Ortschaft Haringzelle gelegene Batterie »Siegfried« wurde nach dem Tode des Ingenieurs Fritz Todt in Batterie »Todt« umbenannt. Die Batterie gehört zur MAA 242. Bei dieser Anlage handelt es sich um die zweitschwerste Batterie des Atlantikwalls nach der benachbarten Batterie »Lindemann«.

Bereits im Frühsommer des Jahres 1940 wurde mit dem Bau der Anlage begonnen. Im November 1942 waren die Arbeiten fertiggestellt. Die ersten Schüsse wurden jedoch bereits im Herbst 1941 abgegeben.

Wie alle schweren Batterien war auch die Batterie »Todt« der Marine unterstellt. Mit einer Hauptbewaffnung von vier Geschützen mit jeweils 38 cm Kaliber und einer Schußweite von ca. 48 000 Metern erreichten auch die Geschosse dieser Batterie das englische Festland.

Bei diesen Geschützen handelt es sich um vier 38 cm Schiffskanonen C/34 »Siegfried« (38 cm SK C/34). Anfangs waren die Waffen in offenen Stellungen aufgebaut und hatten einen Schußbereich von 360°. Hitler erkannte bald, daß die Kanonen so feindlichen Angriffen ausgesetzt waren und ordnete den Einbau in Kasematten mit einem Schußwinkel von 120° an. Die Kanonen hatten eine Rohrlänge von 19630 mm (L/52) und eine Rohrerhöhung von − 4° bis + 60°. Das Gesamtgewicht betrug über 105 Tonnen. Ursprünglich war die Kanone für die Schlachtschiffklasse »Bismarck« entwickelt worden. Für den Einsatz am Atlantikwall wurden die Kanonen von der Fa. Friedrich Krupp AG in Essen umkonstruiert und mit dem Bettungsschießgerüst C/39 versehen.

Die Geschützkasematten bestehen aus zwei Hauptteilen, d. h. dem Kampfraum und dem seitlich angeordneten Eingangsblock mit den beiden Munitionsräumen. Im Untergeschoß des Eingangsblocks befinden sich das Zimmer des wachhabenden Offiziers, Bereitschaftsräume der Mannschaften sowie der Maschinenraum. Von hier wurde die notwendige Energie zum Drehen des Geschützturmes, zum Heben und Senken des Rohres, zur Beleuchtung der Anlage und zum Betrieb der Nachrichtenverbindungen geliefert. Diese Einrichtungen waren in allen vier Geschützkasematten vorhanden, um jeden Block von einer äußeren Energiequelle unabhängig zu machen.

Der Durchmesser des Kampfraumes beträgt ca. 25 Meter, die der Küste zugewandte Öffnung hat eine Höhe von ca. 10 Metern. Sie wurde während des Zweiten Weltkrieges von riesigen Stahlplatten verschlossen, die nur den Höhen- und Seitenrichtbereich der Kanone offen ließen. Der Kampfraum hat eine Höhe von ca. 15 Metern. Die Kasematten waren mit der am

Atlantikwall üblichen »Todt-Scharte« der Geschützbunker versehen. In den Bunkern befanden sich keine Unterkunftsräume für die Besatzungen. Die Soldaten waren in den umliegenden Baracken und Unterkunftsbauten untergebracht.
In die beiden an der Seite des Kampfraumes angeordneten Munitionsräume gelangte man von der Rückseite. Für die Verladung und den Transport der Munition benutzte man einen Flaschenzug. Durch eine Wandöffnung gelangte die Munition von den Kammern in den Kampfraum. Hier wurde sie von einem Aufzug auf die Plattform des Geschützes befördert.
Eigenartig an den Bunkern der Batterie »Todt« sind zwei übereinanderliegende Reihen rechteckiger Fenster mit einer Höhe von ca. 0,5 Metern und einer Breite von ca. 1,5 Metern, die sich an der Rückseite der Kasematte befinden.
Nachdem die Batterien von Dieppe umgangen und von hinten eingenommen worden waren, erkannte man, daß die Alliierten eine Art des Angriffes anwandten, die man bei der Erbauung der Batterie »Todt« nicht vorausgesehen hatte. Daraufhin wurden in den Jahren 1942 und 1943 die Fenster zugemauert, um bei einem eventuellen Angriff von der Rückseite dem Gegner nicht noch Schwachstellen anzubieten. Weshalb die Fenster überhaupt eingebaut worden sind, ist bis heute nicht geklärt.
Auf den Dächern der Kasematten wurden nachträglich Flakstände und Wachposten eingerichtet, um einen verstärkten Schutz zu gewährleisten. An den Seiten der Geschützstände angebrachte Treppen führten zu den Wachhäuschen auf den Dächern. Diese Beobachtungsstände aus Beton kann man heute noch auf den Kasematten 2 und 4 sehen. Die Treppen wurden zerstört.
Zur Verteidigung gegen Luftangriffe wurde neben den zahlreichen 20 mm und 37 mm Geschützen noch eine Batterie mit neun 75 mm Kanonen eingesetzt.
Der Feuerleitstand der Batterie »Todt« befand sich westlich der Anlage bei Cran aux Oeufs und war mit Radar ausgerüstet. Ein Beobachtungsstand befand sich auf dem Cap Blank Nez.
Die Batterie Todt wurde am 29. Sept. 1944 von einem schottischen Regiment eingenommen. Bereits seit dem 18. Sept. 1944 war die Anlage das Ziel schwerer Bombenangriffe und Beschießungen von See. Die 38 cm Kanonen feuerten jedoch selbst am Tag der Einnahme noch nach England und erzielten die letzten Treffer in Dover und Folkestone.

Die Geschützkasematten der Batterie »Todt« bestehen aus zwei Hauptteilen, d. h. dem Kampfraum und dem seitlich angeordneten Eingangsblock.

Der Durchmesser des Kampfraumes beträgt ca. 25 Meter, die der Küste zugewandte Öffnung hat eine Höhe von ca. 10 Metern. Die Kasematten waren mit der am Atlantikwall bei Geschützbunkern üblichen »Todt-Scharte« versehen. Diese Abstufungen über der Öffnung für das Geschütz wurden zerstört und sind fast nicht mehr sichtbar.

Mit dem Anbringen von Zeichnungen in den Munitionsräumen der Kasematte IV vertrieb sich die Besatzung die Zeit zwischen den Gefechten.

Radarstellung bei Bruneval

In dieser wohl bekanntesten Radarstellung 1. Ordnung befindet sich auch der Bunker Typ L 480 für ein Wassermann-Gerät.

In der Stellung waren folgende Geräte:

Ein Jagdschloß	(Rundumsuchgerät)
Ein Wassermann	(Fernstsuchgerät)
Ein Freya	(Fernsuchgerät) mit Kennung und AN-Zusatz
Zwei Würzburg Riese	(Meßgerät)

Gelegentlich befand sich in einer solchen Stellung auch noch ein »Freya-Fahrstuhl«.
Eine schwere Flugmeldekompanie mit bis zu 20 Flugwachen hatte eine Besatzungsstärke von ca. 250 Mann. War diese Stellung »nachtjagdfähig«, so war es eine »schwere Flugmelde-Leitkompanie«, und ihr Personalbestand erhöhte sich um etwa 50 Mann.

Fu MG 402 Wassermann

Fernstsuchgerät, Reichweite etwa 300 km. Das Gerät war teilweise in einem Bunker untergebracht.

Suchbereich: Mechanische Schwenkung um 360°
Entfernungsgenauigkeit ± 300 Meter
Peilgenauigkeit ± – 1/4°
Erfassung von Hochzielen bis zu 12000 Meter
Gewicht 30–60 Tonnen (je nach Typ)
Größe: Masthöhe 37–60 m je nach Typ
Breite 6–12,4 m
Bedienung 7 Mann

Das Wassermann-Gerät wurde in drei Ausführungen eingesetzt:

Wassermann L (leicht) 36 m hoch
Wassermann M (mittel) 36 m hoch
Wassermann S (schwer) 60 m hoch

Vom Typ »S« wurden 150 Stück eingesetzt!

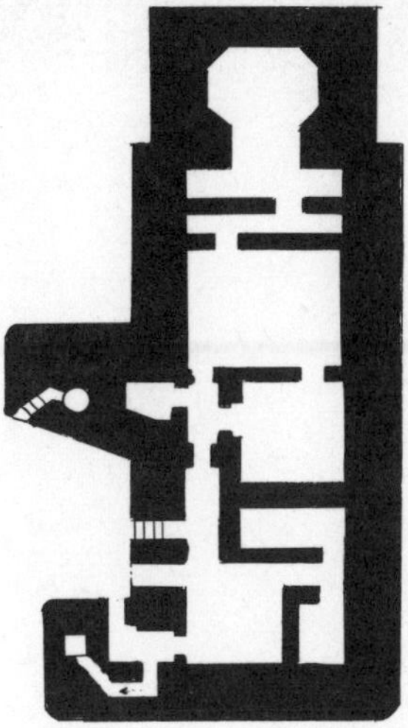

Der Schacht, in welchem das Gerät stand

Radarstellung »Dickhäuter« westl. Dieppe

Auf der Höhe 95 »Mont Robin« befand sich eine Funkmeß-Gerätestellung 3. Ordnung.

In der Stellung waren folgende Geräte:

Ein Freya mit Kennung und AN-Zusatz
Ein Würzburg »D« oder Würzburg-Riese
Ein Mammut

Eine mittlere Flugmeldekompanie mit bis zu 20 Flugwachen hatte eine Besatzungsstärke von ca. 150 Mann. Sie war nachtjagdfähig!

Fu MO 51 Mammut

Fernsuchgerät, Reichweite etwa 400 km. Das Gerät war auf drei Säulen montiert, welche sich auf der Bunkerdecke befanden. Es handelt sich hier um den Bunker Typ V 143.

Suchbereich	100°
Gewicht	25 Tonnen
Höhe	16 Meter
Breite	30 Meter

Das Mammut wurde von der Marine entwickelt, aber dann von der Luftwaffe übernommen.

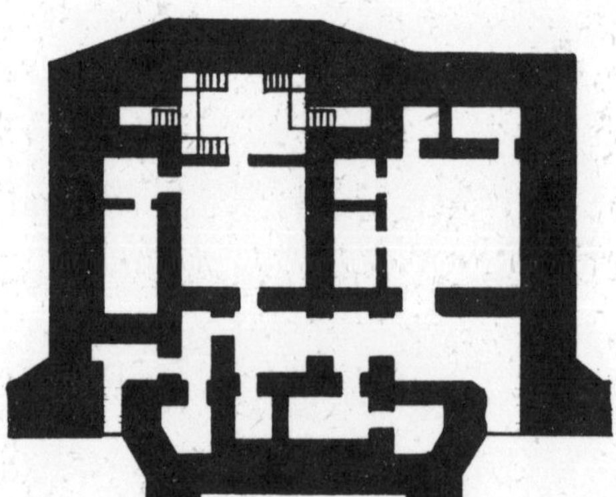

Bunker Typ V 143
Links die Eingangsverteidigungsscharte
Eingang zum Bunker
Rechts der Aufgang zum Tobrukstand
Im Hintergrund die drei Säulen

Die Batterie Merville

Die Heeresküstenbatterie Merville wurde 2 Kilometer landeinwärts östlich der Orne-Mündung errichtet. Sie bestand aus drei Schartenständen für Feldgeschütze ohne Nebenräume und einem Regelbau 611 (weitere Erläuterungen bei »Regelbauten«). Umgeben waren die Bunker von sehr guten Nahverteidigungsstellungen. Aufgabe dieser Anlage war es, einen Vorstoß alliierter Panzerverbände nach einer eventuellen Landung aus dem Gebiet der Ornemündung in das Binnenland aufzuhalten. Zu diesem Zweck wurde die Batterie mit vier typenmäßig verschiedenen Feldgeschützen vom Kaliber 7,5 cm bestückt. Die Hauptschußrichtung war Nord-West. 130 Mann des 1746. Regiments bildeten die Besatzung.

Durch Fehler in der alliierten Luftbildaufklärung wurde die Heeresküstenbatterie Merville als Artilleriestandort mit 15 cm Waffen angesehen. Aus dieser Einstellung resultierten die schweren Bombenangriffe, welche bereits seit Ende März 1944 durchgeführt wurden. Von 1000 Abwürfen in der Zeit bis zum 6. 6. 1944 lagen jedoch nur 50 Treffer innerhalb des Batteriegeländes. Nur zwei Bomben trafen eine Kasematte. Sie richteten nur geringen Schaden an. Das schwerste Bombardement ging am 6. 6. 1944 ab 1.30 Uhr auf die HKB Merville nieder. Über 100 Lancaster Bomber luden fast 400 Tonnen Bomben auf die Stellung. Jedoch ohne nennenswerten Erfolg. Nach diesem Angriff sprangen 700 Fallschirmjäger über der Ornemündung mit Ziel Merville ab. Wegen starkem Wind und sicher schießender Flak konnten die alliierten Lastensegler ihre Fracht nur teilweise ins Ziel bringen. Lediglich 150 der gestarteten 700 »Parachutes« erreichten das Batteriegelände.

Im Handstreich wurden die Kasematten von der Rückseite niedergekämpft und die Kanonen zerstört. Nach dem Abzug der Fallschirmjäger wurde die Stellung wieder von deutschen Soldaten bezogen. Bereits am 7. 6. 1944 gelang es den Engländern, Merville nochmals zu erobern. In den darauffolgenden Tagen wechselte die Besatzung noch mehrmals, so daß die Heeresküstenbatterie Merville eine der meistumkämpften Stellungen in der Normandie war.

Die drei weiteren Bunker der Anlage hatten im Gegensatz zum R 611 nur Nischen für die Kartuschen und Granaten.

Der am nördlichsten gelegene Geschützbunker der Heeresküstenbatterie von Merville hatte über der Schartenöffnung zwei Nischen. Die Scharte konnte durch eine im Boden versenkte Stahlplatte verschlossen werden.

Die Batterie Longues

Ende des Jahres 1943 wurde in der Nähe der Ortschaft Longues sur Mer mit dem Bau von Bunkern für die Marineküstenbatterie Longues begonnen. Bis Invasionsbeginn waren die Arbeiten an den vier Geschützbunkern für 15,2 cm Kanonen, dem Feuerleitstand auf dem Felsen »le Chaos« sowie an den Ein-Mann-Löchern, den sogenannten Tobruks und Unterständen beendet.

Durch die Überbunkerung hatte jedes Geschütz einen Seitenrichtbereich von 120°. Die Batterie konnte jedoch die Landungsstrände »Gold« und »Omaha« mit Feuer belegen, da der gesamte Wirkungsbereich der Waffen durch versetzt angeordnete Geschützkasematten auf 180° erweitert wurde.

Die Bunker mit Ausnahme des zweistöckigen Beobachtungsstandes waren auf einem Plateau 300 Meter hinter der Steilküste errichtet worden. Von See waren sie somit schwer zu sehen.

Bei zwei Bombenangriffen am 28. 5. 1944 und am 3. 6. 1944 wurden ca. 1500 Bomben auf die Stellung abgeworfen.

Am Invasionstag wurde die Marineküstenbatterie Longues ab 5.20 Uhr mit mehreren Schiffen in Feuergefechte verwickelt. Um 8.00 Uhr fielen das 2. und 3. Geschütz durch Schartentreffer aus. Gegen Abend gelang es einer kanadischen Infanterie-Brigade, in die Stellung einzudringen. Widerstandslos wurde Longues durch den Batteriechef übergeben.

In der Gesamtbeurteilung durch die alliierten Angreifer schnitt die Marineküstenbatterie Longues nicht gut ab.

Vielleicht durch die Tatsache, daß keine geeigneten Feuerleitmittel zur Verfügung standen, gelang der Batterie kein Treffer auf feindlichen Schiffen und keine Versenkung.

Wegen fehlender Feuerleitmittel konnte der auf den Klippen der Marineküstenbatterie Longues vorgelagerte Feuerleitstand seine Aufgabe nicht in vollem Umfang erfüllen.

Die Batterie Pointe du Hoc

Die Heeresküstenbatterie am Pointe du Hoc wurde von den Alliierten bei den Vorbereitungen der Invasion als äußerst gefährlich eingeschätzt. Man nahm an, daß die sechs auf der Steilküste postierten 15,5 cm Kanonen den Landungsabschnitt »Omaha« im Osten und »Utah« im Westen bestreichen könnten. Bereits am 15. 4. 1944 wurde die Batterie erstmals das Ziel alliierter Bombenangriffe. Ein 15,5 cm Geschütz wurde zerstört. Die Anlage befand sich zu diesem Zeitpunkt noch in Bau. Es waren erst zwei Geschützkasematten, der auf dem Felsvorsprung postierte Feuerleitstand sowie sechs offene Bettungen und einige Mannschaftsunterstände, Flakstände und Tobruks fertiggestellt. Zur Selbstverteidigung waren die Klippen mit Stacheldrahtverhauen gesichert und ein breiter Streifen im Rücken der Batterie vermint worden.

Aufgrund des schweren Angriffs vom 15. 4. 1944 wurden drei der fünf Kanonen in der Nacht vom 15. auf den 16. 4. 1944 in eine behelfsmäßige Stellung einen Kilometer westlich vom Pointe du Hoc gebracht. Die beiden anderen folgten wenig später. Der nächste schwere Bombenangriff ging am 22. 5. 1944 auf Pointe du Hoc nieder. In die Bombardements vom 4.–6. 6. 1944 schalteten sich am Morgen des 6. 6. 1944 mehrere Schiffseinheiten mit Bordartillerie ein. Seit 6.00 Uhr morgens versuchten US-Rangers, mit Spezialleitern ausgerüstet, die 30 Meter hohen Felsen zu erklettern. Aus der Batterie schlug ihnen heftiges Abwehrfeuer entgegen. Angeforderte Artillerieunterstützung von den Schlachtschiffen »Texas« und »Arkansas« ermöglichte dennoch den Sturm auf die Batterie Pointe du Hoc.

Die Angreifer erlitten hohe Verluste und fanden die Stellung infolge der Maßnahme vom 15. 4. 1944 – leer. Nach einigem Suchen fand man die einen Kilometer entfernt und gut getarnt stehenden Geschütze verlassen vor. Die ursprünglich 200 Mann starke Besatzung war zur Verteidigung des Stützpunktes Pointe du Hoc eingesetzt worden. Der Kampf um die Stellung hielt bis zum 8. 6. 1944 an und wurde erst durch das Eingreifen amerikanischer Panzer entschieden.

Als die US-Rangers die Stellung nach verlustreichem Kampf am 8. 6. 1944 endlich erobert hatten, fanden sie die beiden Kasematten leer vor. Die Überreste blieben bis heute unverändert.

Die Batterie Azeville

Zwei Kilometer im Hinterland der Marineküstenbatterie St. Marcouf wurden vier Geschützbunker für 10,5 cm Kanonen der Heeresküstenbatterie Azeville gebaut. Die Besatzung stellte das 2. Bataillon des Heeresküstenartillerieregiments 1261. Durch die Verlegung um vier Kilometer ins Landesinnere wurde die Wirkung der elf Kilometer schießenden Kanonen beim Kampf gegen Angreifer von See stark reduziert. Die Kampfstände waren nebeneinander in Nord-Süd-Richtung angeordnet worden. Die Hauptschußrichtung war nach Osten. Auf die beiden außenstehenden Kasematten wurde jeweils ein Flakstand aufgesetzt. Zwischen den Geschützbunkern waren Unterstände und Schutzräume für Material und Munition gebaut worden. Den Feuerleitstand verlegte man wegen der besseren Übersicht nach vorn, in das Gelände der Marineküstenbatterie St. Marcouf.
Die Kasematten verfügten über zwei an der Rückseite liegende Eingänge. Betritt man den Bau durch die linke Tür, so gelangt man vorbei an einem gebrochenen Eingang in einen fünf Meter langen Gang, der direkt zum Kampfraum führt. Von diesem Gang kommt man durch zwei auf der rechten Seite befindliche Türen in zwei Räume von 3 M × 3,5 M.
Der rechte Bunkereingang ist gleichfalls gebrochen. Von dort gelangt man in den seitlich angeordneten Kampfraum der Nahverteidigungsanlage. Dem gegenüber war das Munitionsdepot der Kasematte. Von dort kommt man in den Hauptkampfraum mit der 10,5 cm Kanone. Zur Rundumverteidigung war jeder dieser vier Geschützbunker mit einem sogenannten Tobrukstand versehen. Der einzige Aufgang zu diesem Ein-Mann-Stand war von der Rückseite. Es bestand keine Möglichkeit, vom Inneren der Kasematte direkt in den Tobruk-Kampfraum zu gelangen.
Dem ersten Angriff war die Heeresküstenbatterie Azeville am Landungstag ausgesetzt. Hunderte amerikanischer Fallschirmjäger sprangen zwischen »Utah Beach« und den nahegelegenen Städten Ste. Mère Église und Montebourg ab. Die Stellung wurde jedoch gehalten. Auch der zweite Angriff am 7. 6. 1944 durch das 22. amerikanische Infanterieregiment konnte zurückgeworfen werden. Hierbei gab es auf beiden Seiten schwere Verluste. Nachdem am 8. 6. 1944 nochmals ein Angriff zurückgeschlagen werden konnte, gelang es am 9. 6. 1944, die Heeresküstenbatterie Azeville zu nehmen. Ein einzeln vorgehender Soldat konnte mit Hilfe eines Flammenwerfers die in einer Kasematte eingelagerte Munition zur Detonation bringen. Daraufhin wurde die Batterie übergeben. 170 Mann gingen in Gefangenschaft.

Die Heeresküstenbatterie Azeville besaß vier Geschützkasematten mit unterschiedlicher Bauausführung. Dies ist bei den hier gezeigten beiden mittleren Kasematten deutlich sichtbar.

Um den Schußwinkel nach Osten zu erweitern, wurde die Abstufung auf der rechten Seite der Scharte entfernt.

Die Batterie St. Marcouf

Ritterkreuz für Chef der Batterie »Marcouf«
Oberleutnant Ohmsen hat als erster den Beginn der Invasion gemeldet
«Berlin, 15. Juni

Der Führer verlieh auf Vorschlag des Oberbefehlshabers der Marine, Großadmiral Dönitz, dem Batteriechef der Marine-Küstenbatterie »Marcouf«, Oberleutnant Walter Ohmsen, für seine kampfentscheidenden Tapferkeitstaten bei der Bekämpfung der Invasionsflotte das Ritterkreuz des Eisernen Kreuzes.
Ohmsen hat als erster den Beginn der Invasion gemeldet und damit die Voraussetzung für die Alarmierung der gesamten westeuropäischen Küste geschaffen. In selbständigem Entschluß setzte er schlagartig und rücksichtslos trotz deckend liegendem Schlachtschiff-Feuer und schwerster Bombenangriffe seine Batterie bis zur letzten Möglichkeit zur Bekämpfung der Invasionsflotte ein und versenkte dabei einen Kreuzer und eine mit Munition beladene Schiffseinheit. Zahlreiche andere Fahrzeuge wurden beschädigt.
Durch seinen heldenhaften persönlichen Einsatz konnte er mit seinen tapferen Männern trotz schwerer eigener Verluste seine taktisch überaus wichtige Batterie halten, obwohl sie vom Feind eingeschlossen war. Er schuf dadurch die Möglichkeit zur Heranbringung eigenen Ersatzes und verhinderte die Ausweitung des Brückenkopfes und den vom Gegner geplanten Durchbruch bis zur Nordküste von Cotentin.
Bereits in der ersten Kampfphase der Invasion wurde Ohmsen verwundet, als er an der Spitze seiner Männer Landungseinheiten bekämpfte und sich gegen die im Rücken seiner Batterie gelandeten Fallschirmtruppen verteidigte. Er gab seine Batterie erst nach der völligen Zerstörung auf Befehl des Abschnitts-Kommandeurs vorübergehend auf.
Ohmsen ist als Sohn eines Arbeiters am 7. 6. 1911 in Elmshorn (Kreis Pinneberg) geboren und wurde erst im Lauf dieses Krieges Offizier.»

Mit diesen Zeilen wurde am 15. 6. 1944 von einer Berliner Zeitung die Verleihung des Ritterkreuzes des Eisernen Kreuzes an Oberleutnant Ohmsen bekanntgegeben. Oberleutnant Ohmsen war Batteriechef der schwersten Batterie auf der östlichen Cotentinhalbinsel nördlich des amerikanischen Landungssektors »Utah«.
Beim Bau der Marineküstenbatterie St. Marcouf wurden als Hauptbewaffnung fünf 15,5 cm Kanonen in offenen Bettungen aufgestellt. Diese Waffen

wurden Ende 1941 gegen vier Kanonen mit Kalibern von 21 cm ausgetauscht. Diese Kanonen mit der Bezeichnung 21 cm K 39 wurden von den Škoda Werken in Pilsen – Tschechoslowakei entwickelt und gebaut. Mit einer Rohrlänge von 11,46 Metern erreichten die Geschosse dieser Waffen Ziele in 33 Kilometer Entfernung. Bei Invasionsbeginn waren jedoch nur zwei Waffen verbunkert. Der Schußwinkel wurde dadurch auf 120° begrenzt. Eine dritte Kasematte war in Bau. Mit den Vorarbeiten zum Bau des vierten Geschützstandes war erst kurz vor Invasionsbeginn begonnen worden.

Zur Bekämpfung feindlicher Flugzeuge waren im südlichen Teil des Batteriegeländes sechs 75 mm Flak französischer Herkunft aufgestellt worden. Vier 2 cm Flugabwehrkanonen und mehrere MG-Stellungen waren über das ganze Gelände verteilt. Kleinkalibrige Panzerabwehrkanonen und Infanteriewaffen in Tobrukständen dienten ebenso zur Selbstverteidigung wie der das ganze Batteriegelände umgebende Stacheldrahtverhau mit davorliegendem Minenfeld. Die Bunker und Unterstände waren durch Laufgräben miteinander verbunden. Der Feuerleitstand verfügte nicht über moderne Feuerleitmittel und ließ nur ein Schießen nach dem E-Meß-Verfahren zu.

Der Kampf um die Marineküstenbatterie St. Marcouf begann bereits einige Tage vor Invasionsbeginn mit andauernden Bombenangriffen. Hierbei wurde jedoch keine der aufgestellten Kanonen getroffen. Einer der schwersten Bombenangriffe leitete die Invasion ein. Um 1.30 Uhr flogen am 6. 6. 1944 100 Flugzeuge der alliierten Luftwaffen gegen die Batterie St. Marcouf und warfen in 35 Minuten 600 Tonnen Bomben ab. Hierbei wurde die Flakbatterie zerstört. Bei der 400 Mann starken Besatzung waren schwere Menschenverluste zu beklagen. Im Zusammenhang mit diesem Angriff sprangen im Hinterland der Stellung amerikanische Fallschirmjäger ab. Bei Tagesanbruch erkannte Batteriechef Ohmsen feindliche Schiffe am Horizont und löste sofort »Alarm Küste« aus. Ab 6.00 Uhr feuerte die Batterie mit den zwei Kasemattgeschützen auf die 17 Kilometer entfernten amerikanischen Schiffe. Das freistehende Geschütz war gegen den 10 Kilometer entfernten »Utah«-Strand gerichtet und bekämpfte dort mehrere kleinere Schiffe. Kurze Zeit nach Beginn des Feuerwechsels fällt das 1. Geschütz durch Treffereinwirkung aus. Das 2. verbunkerte Geschütz wird gegen 9.00 Uhr durch einen Volltreffer in die Schießscharte von einer vom Schlachtschiff »Nevada« abgefeuerten Granate zerstört, wobei die gesamte Geschützbedienung ums Leben kommt. Das in Feldstellung aufgebaute 3. Geschütz erwies sich als das wirkungsvollste. Am 7. 6. 1944 trat ein feindliches Infanterieregiment gegen 12.00 Uhr zum Sturm auf die Batterie St. Marcouf an, wurde jedoch zurückgewiesen. Zu diesem Zeitpunkt waren alle 21 cm

Geschütze ausgefallen. In aller Eile wurde aus den verbliebenen Teilen der drei 21 cm Kanonen eine neue Waffe zusammengebaut.
Beim zweiten Angriff am 8. 6. 1944 war diese Kanone jedoch auch ausgefallen, und es gelang dem Feind, in das Batteriegelände einzudringen und zwei Drittel der Stellung zu besetzen. Die deutschen Soldaten forderten Artillerieunterstützung auf die eigene Stellung an und erhielten sie, nachdem sich die Besatzung selbst in den Bunkern eingeschlossen hatte, von der 2 Kilometer südwestlich liegenden Heeresküstenbatterie Azeville. Somit konnte auch dieser Angriff kurzfristig zurückgewiesen werden.
Am 9. 6. 1944 gelang es den amerikanischen Truppen, die Heeresküstenbatterie Azeville zu besetzen und auszuschalten und die Marineküstenbatterie St. Marcouf abzuschneiden.
Den 78 überlebenden deutschen Soldaten gelang am Abend des 11. 6. 1944 der Ausbruch aus der Batterie St. Marcouf. Durch Überflutungsgebiet erreichten sie deutsche Truppen.
Am Morgen des 12. 6. 1944 fand eine amerikanische Streife des 39. Infanterieregiments das Batteriegelände verlassen vor und nahm es in Besitz.
Da die Anlage näher an der Ortschaft Crisbecq als bei St. Marcouf lag, wurde sie von den Amerikanern als Batterie Crisbecq bezeichnet.

In jedem dieser Bunker konnten 120 Granaten und 120 Kartuschen vom Kaliber 21 cm in hinter dem Kampfraum befindlichen Nischen bereitgehalten werden. Zum Bau jedes der beiden Bunker wurden 2000 m^3 Beton, 100 Tonnen Rundstahl und 22,6 Tonnen Formstahl benötigt. Der Erdaushub betrug 2100 m^3. ▶

Bei den beiden Geschützbunkern der Marineküstenbatterie »St. Marcouf« handelte es sich um Schartenstände für 21 cm Kanonen (120° Schußwinkel) ohne Nebenräume, die Regelbauten 683.

Die Batterie Gatteville

Am nordöstlichen Eckpfeiler der Cotentin-Halbinsel, am Pointe de Barfleur, wurde bei der Ortschaft Gatteville - le Phare eine Heeresküstenbatterie gebaut. Die 500 Meter vom Meer entfernte Stellung war in der Lage, zehn 15,5 cm Geschütze aufzunehmen. Es waren vier Geschützbunker und sechs offene Bettungen erstellt worden. Zum Einsatz kamen jedoch nur sechs Kanonen des Typs 15,5 cm K 420 (f) auf Radlafetten der französischen Fa. St. Chamond. Sie wurden auf die vier Kasematten und zwei offene Stände verteilt. Der Feuerleitstand lag östlich der Kampfstände auf dem Batteriegelände. Die Geschützkasematten verfügten außer den beiden Räumen zur Lagerung der Kartuschen und Granaten über keine weiteren Nebenräume, so daß zum Schutz der Soldaten und des Materials mehrere Unterstände gebaut wurden.
In die Abwehrkämpfe bei der Landung der alliierten Truppen konnten die Kanonen von Gatteville nicht eingreifen, da die vier Geschützbunker nach Norden verschartet waren und die Stellung zu weit ab vom Landungsstrand »Utah« lag. Auch die offen aufgestellten Kanonen konnten sich wegen der zu geringen Reichweite von 18 Kilometern nicht direkt am Abwehrkampf beteiligen.

Auffallend an den Bunkern der Batterie Gatteville ist, daß sie keine Abstufung über der Scharte haben.

Nach dem Krieg wurden viele der Kasematten zweckentfremdet. Teilweise dienten sie sogar noch viele Jahre als Wohnungen.

Die Batterie Hamburg

Zehn Kilometer östlich Cherbourg liegt das Dorf Fermanville. Am südlichen Ortsrand wurde 1943 mit dem Bau von vier Geschützständen für 24 cm Kanonen begonnen. Sie bildeten den östlichen Eckpfeiler des die Festung Cherbourg umgebenden Ringes von Befestigungsanlagen. Ein Feuerleitstand, mehrere Mannschaftsunterkünfte, eine Stellung mit sechs 7,5 cm Flak französischer Herkunft und 2 cm Flak wurde in das Batteriegelände miteinbezogen. Bei der Hauptbewaffnung handelt es sich um 24 cm SK L/40. Diese Kanonen wurden nach dem Ersten Weltkrieg von der Fa. Friedrich Krupp in Essen entwickelt und auf der ostfriesischen Insel Norderney aufgestellt. Von dort wurden sie nach Fermanville verlegt. Durch eine Rohrlänge von 9,50 Metern hatte die Batterie eine Reichweite von 27 Kilometern. Die Geschütze sind mit denen der Batterie Oldenburg im Pas de Calais baugleich.
Am 23. und 24. 6. 1944 stand die Batterie Hamburg in schweren Feuergefechten mit feindlichen Schiffen. Eine Kanone wurde hierbei außer Gefecht gesetzt. Bei vorausgegangenen Bombenangriffen waren bereits eine Flugabwehrkanone und mehrere Unterstände zerstört worden. Durch die Verschartung der Waffen war der Schußwinkel sehr begrenzt. Deshalb wurde bei einem Bunker die seitliche Schutzmauer weggesprengt. Es war somit möglich, die ganze Seefront der Festung Cherbourg mit dieser Kanone zu bestreichen.
Am 25. 6. 1944 bekämpfte die Batterie Hamburg ab 12.00 Uhr mehrere Zerstörer der Alliierten und das Schlachtschiff »Arkansas«. Die Soldaten erzielten mehrere Treffer auf diesen Schiffen und zwangen sogar einige zum Abdrehen. Um 13.30 Uhr wurde jedoch das 2. Geschütz der Batterie Hamburg durch einen Treffer des Zerstörers »Texas« außer Gefecht gesetzt. Ein Angriff amerikanischer Infanteristen konnte am 27. 6. 1944 zurückgewiesen werden. Die Batterie war jedoch inzwischen von den anderen deutschen Einheiten abgeschnitten worden, so daß am 28. 6. 1944 die Übergabe erfolgen mußte.
Aus umliegenden Stellungen hatten sich die überlebenden und versprengten Soldaten auf die Batterie Hamburg zurückgezogen. Bei der Übergabe gingen 1000 Mann in amerikanische Gefangenschaft.

Zur Feindseite war die Bettung ebenfalls durch die Betonmauer geschützt. Es blieb nur die für das Geschütz notwendige Scharte frei. Die Kanonen waren 1,50 Meter erdversenkt. ▶

Die Geschützstände der Batterie Hamburg bestanden aus einer offenen Bettung, die an den beiden Seiten von einer ca. 3 Meter hohen Betonmauer umgeben waren. An der Rückseite stand der eigentliche Bunker. Von dort gelangte man durch zwei seitlich angeordnete Tore an das Geschütz.

Die Batterie Fort du Roule

Etwa dreißig Meter unterhalb des alten französischen Fort du Roule wurde in achtzig Meter Höhe über dem Meeresspiegel eine Batterie für vier 10,5 cm Kanonen in den Felsen gebaut. Die Anlage bestand aus einem Stollensystem mit vier Geschützbunkern und einem Leitstand sowie zwei Eingängen. Die Stollen waren nicht betoniert und hatten einen viereckigen Querschnitt. Die Ausmaße der Hauptstollen betrugen 2 × 2,5 Meter, wohingegen die kleineren Stollen nur einen Meter breit und zwei Meter hoch waren. In diesem unterirdischen System waren Nischen und Räume für Munition, Gerät und Mannschaften in den Fels gesprengt worden.

Die Geschützstände, die Eingänge und der Leitstand waren betoniert. Erstere waren einfache Stände mit einem angebauten Raum für die Lüftung. Die Stände enthielten je eine Kanone vom Kaliber 10,5 cm, vermutlich französischen Ursprungs. Der Leitstand war einräumig und konnte mittels einer Panzertür vom Stollensystem isoliert werden. Die Geschützstände hatten keine Panzertüren.

Von den beiden vorhandenen Eingängen war einer 1944 noch im Bau. Beide verfügten über Panzertüren mit Schießscharten. Ein MG lag in einer weiteren Scharte im anschließenden Stollen.

Der Zugang zur Batterie erfolgte mittels eines Feldweges von der Auffahrtstraße zum Fort. Es bestand jedoch zwischen dem Fort und der Batterieanlage keine Verbindung.

Im Jahre 1944 galt die Stellung als uneinnehmbar. Von ihrer dominierenden Lage konnte sie bei 15 000 Meter Reichweite den Hafen und das ganze Vorfeld bestreichen. Obwohl sie (angeblich) nie in direktem Feuerkampf mit alliierten Kriegsschiffen stand, machte sie eine Besetzung des Hafens von Cherbourg lange Zeit unmöglich.

Während des Endkampfes um Cherbourg wehrte sich die Besatzung unter Oblt. Rose verbissen gegen jeden Angriff, der gegen die Eingänge vorgetragen wurde.

Am Morgen des 25. 6. 1944 wurde die Batterie und das Fort vergeblich von P 47 Jabos bombardiert. Am nächsten Tag versuchte man ebenfalls ohne Erfolg, TNT-Ladungen an Seilen bis zu den Ständen hinunterzulassen. Schließlich gelang es einem Bazooka-Team unter der Leitung von Sergeant P. A. Hurst, die MG's an den Eingängen zu zerstören. Daraufhin sprengte man die Panzertüren und drang in die Stollen ein. Gegen 17.00 Uhr ergab sich die aus Marineartilleristen bestehende Besatzung.

Das Fort du Roule galt lange bei den Alliierten als uneinnehmbare Stellung. Die Bunker waren in den Felsen eingebaut. Von außen bestand zu Kriegszeiten keine Zugangsmöglichkeit.

Der Beobachtungs- und Leitstand wurde in die Mitte der Stellung auf einen Felsvorsprung gebaut. Auch er war an das Stollensystem angeschlossen und von außen nicht zugänglich. Von diesem Stand hatte man ein Blickfeld von 270°.

Die Batterie Castel-Vendon

In das Westeck des Verteidigungsringes von Cherbourg wurde die Marineküstenbatterie du Castel-Vendon miteinbezogen. Sie bestand aus vier 15,2 cm Kanonen in Geschützbunkern und war die stärkste Batterie in der Region Greville.
Die Batterie verfügte über einen eigenen Leitstand, der den Kanonenbunkern etwas vorgelagert war. Auf einer Geschützkasematte war ein Flak-Stand aufgesetzt. Dieser wurde jedoch von den Amerikanern gesprengt.
Die Marineküstenbatterie Castel-Vendon wurde am 25. 6. 1944 beim Kampf um Cherbourg bombardiert. Die Stellung gelangte im Gegensatz zu einigen anderen als Küstenbatterie zum Einsatz, da sie mit mehreren amerikanischen Schiffen in Feuergefechte verwickelt wurde.

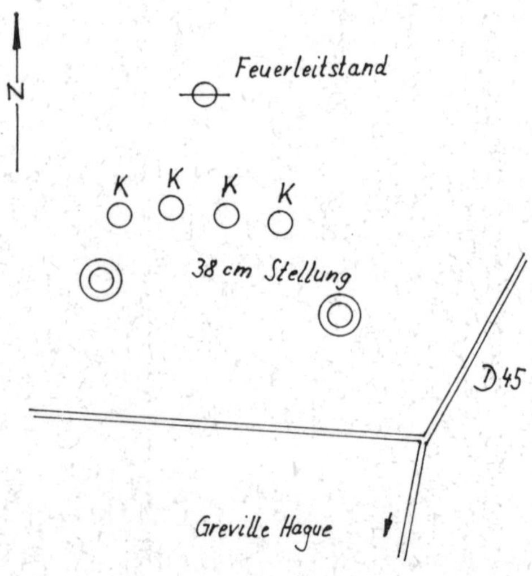

Riesige Bettungen einer ehemaligen französischen 38 cm Batterie sind noch heute sichtbar. Unbekannt ist, wieweit die unter diesen Ständen befindlichen Bunker fertiggestellt waren.

Die Batterie Auderville-Laye

Die nordwestliche Landspitze der Cotentin-Halbinsel, das Cap de la Hague, wurde nicht so schwer befestigt wie der Raum Cherbourg. Zum ersten war das Gebiet wegen seines aus Felsklippen und Riffen bestehenden Uferstreifens für eine Landung ungeeignet und daher nicht direkt bedroht. Zum zweiten stellten die vorgelagerten Inseln Jersey, Guernsey und Alderney mit ihren schweren Batterien einen beachtlichen Schutz dar.
Die schwerste Batterie im Gebiet von Jobourg war die Stellung Auderville-Laye. Zwei 20,3 cm Eisenbahngeschütze verliehen ihr eine ausreichende Feuerkraft. Durch die Reichweite der Geschütze von fünfunddreißig Kilometern war die Fahrstraße zwischen dem Festland und den obengenannten Inseln jederzeit zu kontrollieren.
Die in der Heeresküstenbatterie Auderville-Laye eingesetzten Soldaten gehörten zum 3. Bataillon des Heeresküstenartillerieregiments 1262. Während des Kampfes um Cherbourg wurde auch das Gebiet um die Stadt Auderville mehrmals bombardiert. Hierbei erlitt die Bedienungsmannschaft schwere Verluste.
Die Anlage von Auderville-Laye bestand aus zwei offenen Bettungen mit seitlich angeordneten Schutzräumen, die durch eine drei Meter hohe, halbkreisförmige Betonmauer verbunden waren. Um diese Kessel waren vereinzelt Mannschaftsunterstände, Munitionsbunker und Flakstellungen plaziert. Um das Geschütz in den hinteren Kessel zu fahren, mußte die erste Bettung durchquert werden. Zu diesem Zweck waren an zwei gegenüberliegenden Seiten Öffnungen, durch welche die Schienen führten. In der Bettung wurde die Kanone mit dem Fahrwerk auf eine Drehscheibe gezogen, da die Waffe selbst keine Seitenschwenkmöglichkeiten hatte. Auf der Drehscheibe hatte man die Möglichkeit, das Geschütz um 360° zu drehen. Die hier eingesetzten Kanonen vom Typ 20,3 cm SK C/34 waren ursprünglich für die schwere Kreuzerklasse »Admiral Hipper« konstruiert worden. Sie gelangten jedoch nur nach Umbau als Eisenbahngeschütze zum Einsatz.

Die offenen Bettungen der Eisenbahngeschützstellung von Auderville-Laye waren halbkreisförmig auf beiden Seiten der Zufahrt umschlossen. In der Betonmauer waren die Eingänge zu unterirdischen Munitionsdepots und Schutzräumen für die Bedienungsmannschaft.

St. Nazaire

Bereits beim Bau und bei der Planung des Atlantikwalls wurden die Städte Brest, Lorient und St. Nazaire mit einbezogen. Wegen ihrer günstigen geographischen Lage boten sie sich als Marinestützpunkte an. Als man in Brest, Lorient und St. Nazaire begann, riesige Bunker für Unterseeboote zu bauen, erkannten die Engländer die ständig wachsende Bedrohung. St. Nazaire besaß außerdem das größte Trockendock, welches in der Lage war, die in den Atlantik ausgebrochenen Schlachtschiffe Tirpitz und Bismarck aufzunehmen. Um ein erneutes Einlaufen dieser Schiffe in das »Normandie-Dock« zu verhindern, schmiedeten die Engländer einen waghalsigen Plan. Ein von den Amerikanern zur Verfügung gestellter alter Zerstörer sollte die Loire flußaufwärts fahren, das äußere Schleusentor rammen und dieses anschließend durch eine im Bug des Schiffes befindliche Sprengladung total zerstören. Die Begleitung sollte aus mehreren Barkassen zum Abtransport der Mannschaft bestehen. In der Nacht vom 27. auf den 28. März 1942 wurde das Unternehmen durchgeführt. Es gelang den Engländern wie geplant, die Schleuse zu blockieren.

Durch diesen Angriff vorgewarnt, verstärkten die Deutschen die Sicherungsanlagen im Hafen und rund um die Stadt. Auf dem zu dieser Zeit in Bau befindlichen U-Boot-Bunker wurden Flakplattformen aufgesetzt, die von Leit- und Beobachtungsständen in und vor der Stadt befehligt wurden. Auch wurden die Artilleriebatterien beiderseits der Flußmündung verstärkt.

Die militärische Bedeutung erhielt St. Nazaire durch den Bau des U-Boot-Bunkers, die von den Gezeiten größtenteils unabhängigen Hafenanlagen, das »Normandie Dock« und die gegenüber dem U-Boot-Bunker befindliche Schleuse. Durch die Verbunkerung konnte die Schleuse trotz schwerer Bombenangriffe nicht zerstört werden. Der Hafen konnte somit nicht blockiert werden.

Die Batterie Batz sur Mer

Der westlichste Punkt der Festung von St. Nazaire war eine kleine Halbinsel bei der Ortschaft Batz sur Mer nördlich der Loire-Mündung. Zwei französische Geschütze mit Kalibern von 24 cm aus dem Jahre 1893 auf Eisenbahnlafetten wurden in Stellung gebracht. Zum Schutz einer Kanone baute man einen Bunker, der die offene Bettung mit der Drehscheibe halbkreisförmig umschloß. Nach Süden, der vermuteten Hauptkampfrichtung, war der Stand offen. Die Drehscheibe war notwendig, um den Seitenrichtbereich von 360° zu erreichen, was auf einer Halbinsel von großem Vorteil ist. Die Bauwerksoberkante war auf gleicher Höhe mit der Plattform für die Geschützbedienung. Der Bunker bot Platz zur Einlagerung einer bestimmten Menge an Munition und zum Schutz der Bedienungsmannschaften bei einem eventuellen Angriff. Die Soldaten gehörten der MAA 280 an.
Obgleich die Stellung Batz sur Mer genannt wurde, standen die beiden Kanonen sowie die Unterkunftsbaracken 1000 Meter nördlich von Batz sur Mer im Dorf Kermoisan. In Batz sur Mer wurde direkt am Meer der dreistöckige Feuerleitstand errichtet. Wegen des felsigen Untergrundes und des hohen Grundwasserspiegels war es nicht möglich, den Bunker erdzuversenken. Man mußte ihn daher tarnen. Die Entscheidung fiel auf eine Tarnbemalung als Landhaus, um das Gebäude den umstehenden Häusern etwas anzugleichen. Selbst nach 40 Jahren sind noch deutlich Überreste der Originalfarbe und Teile der aufgemalten Fenster sichtbar.
Wie überall in der Festung St. Nazaire, wurde auch bei der Batterie Batz sur Mer ein ungeheurer Aufwand für die Luftabwehr betrieben. Am westlichsten Punkt der Halbinsel, 1000 Meter von der Marineküstenbatterie Batz sur Meer entfernt bei Croisic, wurde eine Flakbatterie aufgebaut. Mit den um die Artilleriestellung verteilten Kanonen kamen hier zwei 2 cm Flak-Vierlingswaffen, zwei 2 cm Einzelflak, sechs 7,5 cm Flak sowie vier 10,5 cm und zwei 7,5 cm Kanonen zur Eigenverteidigung zum Einsatz.

Das auffallendste Gebäude der Batterie Batz sur Mer war der dreistöckige Feuerleitstand. Er ragte hoch über das Umland hinaus und war deshalb schon aus großer Entfernung sichtbar. ▶

Durch diese Tür wurde die Munition aus dem Bunker zum Geschütz gebracht. Mit einem Aufzug wurde sie dann auf die Geschützplattform in Höhe der Bauwerksoberkante gehoben.

Die Batterie Fort de'l Eve

Wenige Kilometer westlich St. Nazaire auf der nördlichen Seite der hier in den Atlantik mündenden Loire stehen auf einem ca. 20 Meter hohen Felsen die Reste des alten französischen Fort de'l Eve. Bereits in vergangenen Kriegen war die militärische Bedeutung des Felsvorsprungs erkannt worden.

Auch die deutschen Besatzungstruppen bezogen das Gelände oberhalb des alten Forts in die Planung und den Ausbau des Atlantikwalles mit ein. Es wurden vier Kanonen vom Kaliber 170 mm aufgestellt. Zum Schutz vor der feindlichen Waffenwirkung wurden sie verbunkert. Die Waffen waren in der Lage, die Loiremündung bis zum gegenüberliegenden südlichen Ufer mit Feuer zu belegen. Feindlichen Schiffen konnte somit die Zufahrt zum Hafen von St. Nazaire verwehrt werden. In Zusammenarbeit mit den Eisenbahngeschützbatterien am Pointe de St. Gildas und in Batz sur Mer war es möglich, angreifende Schiffe so weit von St. Nazaire entfernt zu halten, daß die Schiffsartillerie im Hafen liegende U-Boote und Schiffe nicht bedrohen oder gefährden konnte.

Das Feuer der Marineküstenbatterie Fort de'l Eve wurde von einem dreistöckigen Leitstand geordnet. Ein mit einer Panzerglocke versehener Beobachtungsstand diente der Feuerleitung der zusätzlich im Fort de'l Eve stationierten Artilleriebatterie mit vier Kanonen vom Kaliber 75 mm. Diese Waffen waren in offenen Bettungen eingesetzt worden und dienten hauptsächlich zur Selbstverteidigung der Marinebatterie und zum Schutz des näheren Umfeldes.

Die Sicherung des Luftraumes über der Stellung und über St. Nazaire war Aufgabe der im Fort de'l Eve eingesetzten Flakbatterie. Sie verfügte über vier 10,5 cm Flugabwehrkanonen, vier 7,5 cm Flak und mehrere 2 cm Waffen.

Zur Tarnung der Stellung wurde auf einem Bunker je eine Giebelmauer an der Vorder- und Rückseite hochgezogen. Während des Krieges wurde durch Auflegen von Brettern und teilweise Dachziegeln der Anschein erweckt, daß es sich bei diesem Gebäude um ein gewöhnliches Landhaus handele. ▶

Auch die oberhalb des ehemaligen Fort de'l Eve aufgebaute Küstenbatterie besaß Kasematten unterschiedlicher Bautypen. Die hier gezeigten Bunker nahmen je eine 17 cm Kanone auf.

Der Atlantikwall in Dänemark

Dieser Abschnitt des Atlantikwalls soll nur durch *eine* Anlage erwähnt werden. Da ein Mitarbeiter der IBA die größte Marineküstenbatterie von Dänemark besuchte, wollen wir diese sagenhafte Batterie nicht vorenthalten.

Es handelt sich um die »Marineküstenbatterie Hansted II« mit vier 38 cm Schiffsgeschützen in offenen Bettungen. Die Unterkünfte sowie die Munitionsräume sind links und rechts von den Bettungen ebenerdig als Bunker angebaut!

Die Batterie »Hansted II« sperrte mit der »Marineküstenbatterie Vera« (ebenfalls mit vier 38 cm Schiffsgeschützen in Südnorwegen bei Kristiansand) das Skagerrak.

Leider kann aus Platzgründen nicht weiter auf diese interessante Batterie »Hansted II« mit ihren weiteren Anlagen wie Munitionsbunker mit Feldbahnanschluß, Flak- und Scheinwerferbatterien sowie den Funkmeßgeräten eingegangen werden. Zum besseren Verständnis dient der anliegende Grundrißplan.

Wir danken Herrn Harry Lippmann, daß er seine Unterlagen zur Veröffentlichung zur Verfügung gestellt hat.

Eine der vier offenen Bettungen. In der Mitte ist gut der Kegel für die Aufnahme des Geschützes zu sehen. Die beiden Türen führen zu den Munitionsräumen.

Geschützbunker für 38cm Schiffskanone

Batterie "HANSTED II"

1 - Eingang
2 - Wachraum
3 - Arrestzelle
4 - Gasschleuse
5 - Zahlmeister + Geschäftszimmer
6 - Mannschaftsraum für 9 Mann
7 - Mannschaftsraum für 12 Mann
8 - Durchstieg 80 x 80cm
9 - Mannschaftsraum für 15 Mann
10 - Verbindungsgang
11 - Wasch-und Duschräume
12 - Unteroffiziersraum für 3 Mann
13 - Unteroffiziersraum für 4 Mann
14 - Toiletten
15 - Durchgang zur Bettung
16 - Heizungszentrale
17 - Elektrische Anlage
18 - Werkstatt
19 - Steuerungsanlage Geschütz
20 - Brennstofflagerraum
21 - Maschinenraum
22 - Unteroffiziersraum für 5 Mann
23 - Offiziersraum für 2 Mann
24 - Unteroffiziersraum für 3 Mann
25 - Notausgang und Entlüftungsturm
26 - Munitionsgang
27 - Ringmauer der Bettung
28 - Offene Bettung
29 - Fundament für Geschütz
30 - Durchgang zum Geschütz
31 - Munitionsdurchreiche + Zünderstellmaschine
32 - Munitionsraum mit Laufkatze
33 - Wachraum
34 - Munitionsdurchreiche mit Laufkatzenanschluß
35 - Schmalspurbahnanschluß

M: 1:200

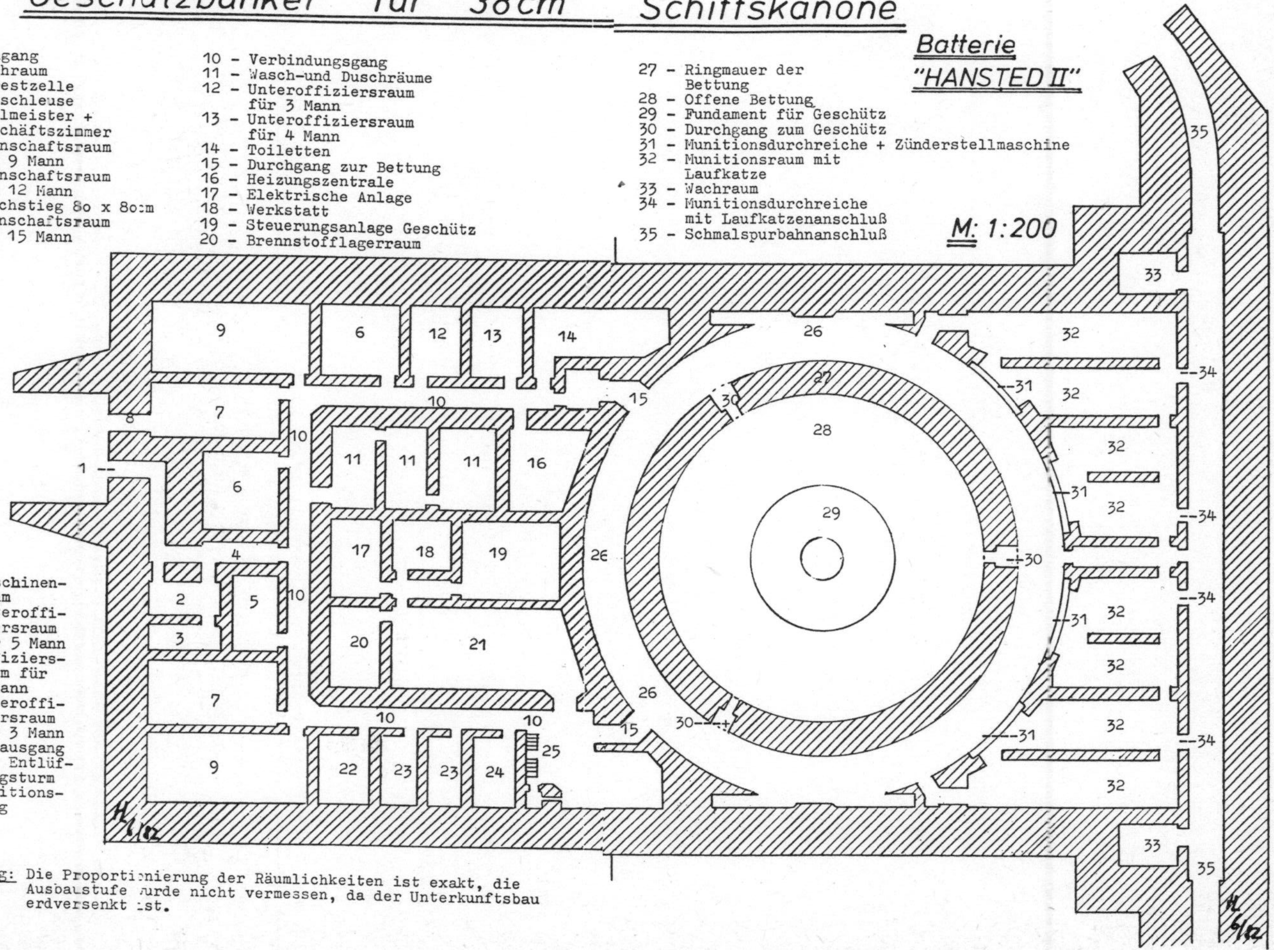

Anmerkung: Die Proportionierung der Räumlichkeiten ist exakt, die Ausbaustufe wurde nicht vermessen, da der Unterkunftsbau erdversenkt ist.

»Regelbauten«

Die Aufgabe des Atlantikwalles war es, bei einer eventuellen Invasion über das Meer den Angreifer zurückzuwerfen oder zumindest so lange aufzuhalten, bis genügend Streitkräfte herangeführt werden konnten, um den Angreifer zu vernichten. Die Voraussetzung für eine Erfüllung dieser Aufgabe war, daß die Verteidigungslinie keine Lücken aufwies. Der Gegner durfte keine unverteidigten Abschnitte vorfinden. Bedingt durch unterschiedliche Geländeformen, wurde die Befestigungslinie verschieden stark ausgebaut. Zur Schaffung einer durchgehenden Front wurde das Zwischengelände mit kleineren Anlagen befestigt. Dieses Vorhaben erforderte eine Vielzahl von Bauten. Allein für die Konstruktion und Planung war ein ungeheurer Verwaltungsaufwand notwendig. Um diesen teilweise zu verringern, wandte die deutsche Führung das System der Regelbauten an.
Bei diesen Regelbauten handelt es sich um Bunker, die architektonisch soweit vorgefertigt waren, daß sofort nach der Entscheidung, welches Bauwerk in welchem Gebiet benötigt wird, mit den Bauarbeiten begonnen werden konnte, da alle Bauzeichnungen und Pläne bereits vorlagen.
Das Regelbauprogramm umfaßte mit wenigen Ausnahmen alle Bunker und Anlagen am Atlantikwall. Sonderbauten oder extrem große Anlagen wie die vier Geschützbatterien am Pas de Calais oder auf den Kanalinseln, die Feuerleitstände einiger Batterien, die jeweils nach den vorgefundenen Gegebenheiten gebaut werden mußten, oder Munitionslager waren nicht im voraus zu planen. Die vorgefertigten Pläne betreffen hauptsächlich verschiedene Pak- und MG-Stände, Geschützkasematten für Waffen der unterschiedlichsten Kaliber, Mannschaftsunterstände und Granatwerferstellungen sowie Maschinenstände und Flakstellungen.
Insgesamt wurden am Atlantikwall 10206 Bunker nach dem Regelbausystem erstellt. Zu Beginn der Kämpfe waren davon 82% einsatzbereit.
Beim Bau der Bunker mußten gewisse Grundsätze eingehalten werden, die in einer Verfügung des Oberkommandos der Wehrmacht, General der Pioniere und Festungen Abt. L (III) Az. 39 (techn.) Nr. 3899/43 g vom 5. 5. 1943 festgelegt wurden. Sie verlangen:

1. die Anlagen so klein als möglich zu halten,
2. in Kampfständen im allgemeinen nicht mehr als eine Waffe einzusetzen (abgesehen von zusätzlichen Waffen zur Nahverteidigung),
3. Kampf-, Bereitschafts- und Munitionsraum bei MG- und Pakständen in einem Bunker zu vereinigen,
4. Schartenstände nur zur flankierenden Wirkung vorzusehen,

5. Schartenöffnungen möglichst dicht über dem Boden anzuordnen,
6. Panzertürme so tief als möglich im Bauwerk zu versenken,
7. Turmstände nicht gegen den Horizont abheben zu lassen.

Neben diesen wesentlichen und grundsätzlichen Anweisungen regelte die Verfügung unter anderem

1. Raumhöhen und Raumbedarf,
2. Ausbaustärken von Decken, Wänden und Bauwerkssohlen,
3. die Anordnung, Sicherung und den Einbau der Eingangstüren und Gasschleusen,
4. die Inneneinrichtung und
5. die Außengestaltung und Tarnung.

Zur weiteren Vereinfachung in der Verwaltung wurde häufig von der Möglichkeit Gebrauch gemacht, Regelbauten seitenverkehrt zu bauen.

Regelbau 601

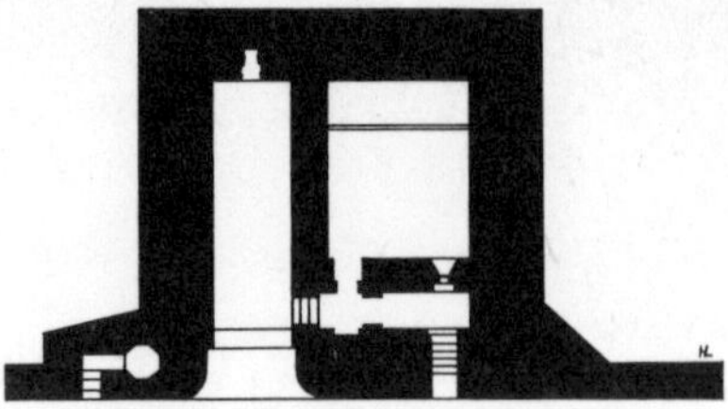

Bezeichnung:	Pak-Unterstellraum mit Deckenplatte
Zahl der fertigen Bauten:	28 Stück
Zahl der in Bau befindlichen Bunker:	3 Stück
Art und Anzahl der Räume:	1 Pak-Unterstellraum 1 Munitionsraum 1 kombinierter Vorrats- und Geräteraum 1 Bereitschaftsraum für eine Gruppe 2 Vorräume als geknickter Eingang 1 Ringstand

Ausmaße: Tiefe: 11,0 Meter
Breite: 11,2 Meter
Höhe: 5,6 Meter
Wand- und Deckenstärke: 2,0 Meter

Erdaushub:	900 m^3	Rundstahl:	30 Tonnen
Beton:	600 m^3	Formstahl:	6 Tonnen

Regelbau 611

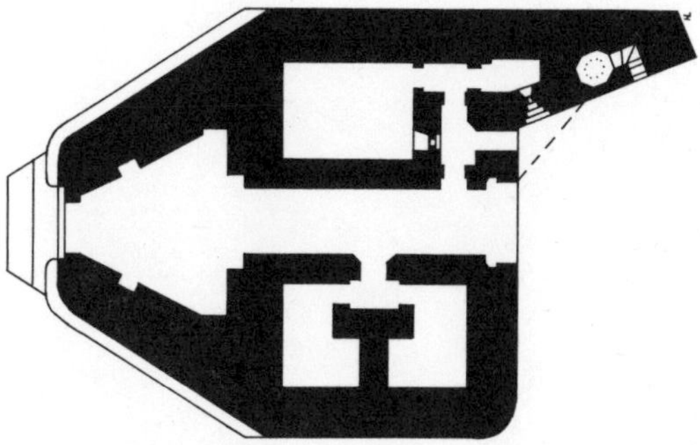

Bezeichnung:	Geschützschartenstand für Feldgeschütz
Zahl der fertigen Bauten:	80 Stück
Zahl der in Bau befindlichen Bunker:	8 Stück
Art und Anzahl der Räume:	1 Kampfraum 300 m^2 1 Raum für 700 Granaten 10 cm 1 Raum für 700 Kartuschen 10 cm 1 Nahkampfraum für Eingangsverteidigung 1 Gasschleuse 1 Bereitschaftsraum für eine Gruppe 1 Ringstand 1 Mannschaftseingang 1 Mehrzweckeingang (Geschützeinfahrt) 1 Montageraum unter dem Kampfraum 1 Hülsenraum unter dem Kampfraum

Ausmaße: Tiefe: 17,5 Meter
Breite: 16,5 Meter
Höhe: 8,2 Meter
Wand- und Deckenstärke: 2,0 Meter

Erdaushub:	700 m^3	Rundstahl:	63 Tonnen
Beton:	1330 m^3	Formstahl:	15,6 Tonnen

Regelbau 612

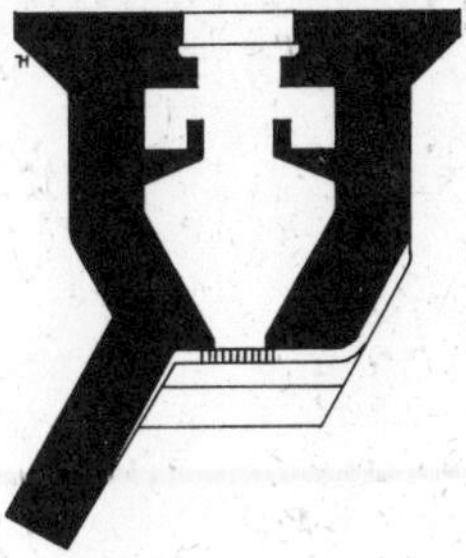

Bezeichnung:	Schartenstand für Lande- u. Sturmabwehrgeschütze ohne Nebenräume
Zahl der fertigen Bauten:	79 Stück
Zahl der in Bau befindlichen Bunker:	287 Stück
Art und Anzahl der Räume:	1 Kampfraum 1 Nische für 200 Kartuschen 1 Nische für 200 Granaten

Ausmaße:	Tiefe: 9,0 Meter		
	Breite: 9,0 Meter		
	Höhe: 4,9 Meter		
	Wand- und Deckenstärke: 2,0 Meter		

Erdaushub:	120 m^3	Rundstahl:	17 Tonnen
Beton:	385 m^3	Formstahl:	4,1 Tonnen

Der Regelbau 612 wurde an Stellen errichtet, an welchen Kanonen und Haubitzen als Lande- und Sturmabwehrgeschütze flankierend eingesetzt wurden.
In den Kampfraum konnten alle Kanonen ohne Mündungsbremse bis 7,5 cm, alle Haubitzen bis 10,5 cm Kaliber und die 10,5 cm Kanonen 331 (f) eingesetzt werden.
Das Seitenrichtfeld beträgt für die le.FH 18 60°, für die anderen Geschütze 55° bis 70°. Für das Höhenrichtfeld sind zwei verschiedene Scharten je nach den örtlichen Geländeverhältnissen konstruiert. In einem Fall erreicht die le.FH 18 ein Höhenrichtfeld von − 5° bis + 35°, die anderen Geschütze erreichen in beiden Fällen ähnliche Werte. In den meisten Fällen war die Scharte mit dem kleineren Höhenrichtfeld ausreichend.
In den Munitionsnischen konnten 400 Schuß für die 7,5 cm FK 18 und etwa 300 Schuß für die 10,5 cm le.FH 18 untergebracht werden.
Der Regelbau 612 war nicht gassicher. Während des Schießens mußte die Einfahrtstür geöffnet werden, um einen natürlichen Luftwechsel über Tür und Scharte zu ermöglichen. Der Einbau eines Lüfters war nicht vorgesehen.

Regelbau 622

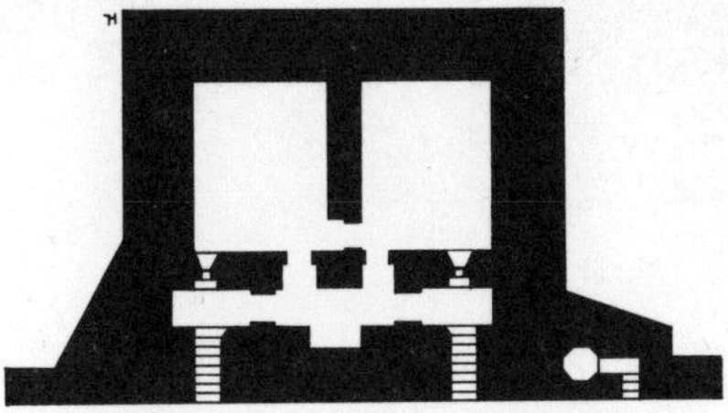

Bezeichnung:	Doppelgruppenunterstand für 20 Mann
Zahl der fertigen Bauten:	1167 Stück
Zahl der in Bau befindlichen Bunker:	39 Stück
Art und Anzahl der Räume:	2 Bereitschaftsräume 2 Vorratsräume für 2 geknickte Eingänge 1 Gasschleuse 1 Ringstand

Ausmaße: Tiefe: 11,5 Meter
Breite: 12,6 Meter
Höhe: 5,1 Meter
Wand- und Deckenstärke: 2,0 Meter

Erdaushub:	1300 m³	Rundstahl:	30 Tonnen
Beton:	650 m³	Formstahl:	6 Tonnen

Der Regelbau 622 fand an vielen Stellen als Gefechtsstand Verwendung. Die Einrichtung der Bereitschaftsräume erfolgte in diesem Fall nach den gegebenen Verhältnissen, wobei die Lage des Ofens und des Lüfters nicht verändert werden konnte. Der bei der Planung erstellte Einrichtungsplan war für eine Verwendung des Regelbaus 622 als Doppelgruppenunterstand für 20 Mann vorgesehen.

Regelbau 636

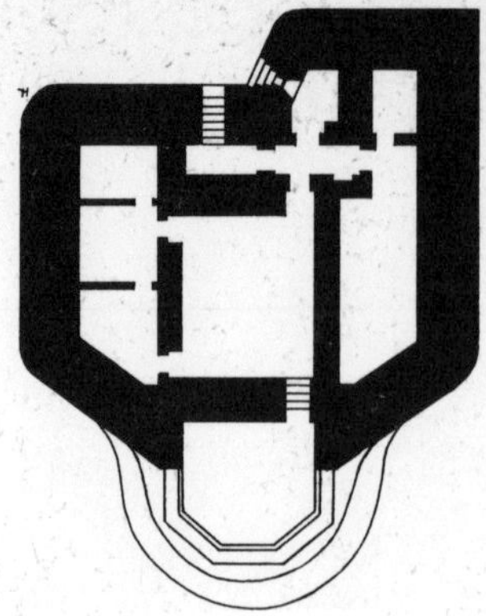

Bezeichnung:	Leitstand für Heeres-Küstenbatterie
Zahl der fertigen Bauten:	46 Stück
Zahl der in Bau befindlichen Bunker:	4 Stück
Art und Anzahl der Räume:	1 Entfernungsmeßraum 1 Beobachtungsraum 1 Rechenraum 1 Offiziersraum 1 Funkraum 1 Nachrichtenraum 1 Bereitschaftsraum für die Mannschaften 1 Heizungsraum 1 Gasschleuse 1 Nahkampfraum für die Eingangsverteidigung 1 Vorraum für geknickten Eingang 1 Ringstand

Ausmaße:	Tiefe: 19,90 Meter		
	Breite: 15,10 Meter		
	Höhe: 7,70 Meter mit Überdachung		
	Wand- und Deckenstärke: 2,0 Meter		
Erdaushub:	1430 m^3	Rundstahl:	46 Tonnen
Beton:	1030 m^3	Formstahl:	8 Tonnen

Die Aufgabe des Regelbaus 636 war die Beobachtung und Führung einer Batterie bei Seezielbekämpfung.

Literaturverzeichnis und Quellenangaben

ATLANTIKWALL:

Führer zu den Landungsstränden, Boussel
Hitler's Atlantikwall, Partridge
La Fortresse St.Nazaire, Gamelin
Objektive Douvres, Gamelin
La Bataille de Cherbourg, Ingouf
Small Arms, Artillery and Spezial Weapons, Gardner and Chamberlain
IBA Archiv-Atlantikwall, Stahlmann, Lippmann, Klinger, Egger

WESTWALL:

Der Westwall, Lauer IBA
Bis zum bitteren Ende, Johannes Nosbüsch
IBA Archiv-Westwall, Lauer, Grasser, Lippmann
Pionierarchiv München
Archiv Freiburg

MAGINOT-LINIE:

La Ligne Maginot, Paul Gamelin
On'a Livre La Ligne Maginot, Roger Bruge
La Ligne Maginot, J. Mary
Pionierarchiv München
IBA Archiv-Maginot-Linie, Grasser, Stahlmann